ЮЛИЯ ФРИДМАН

ЧЕРНАЯ РАБОТА МОЗГА

PHILADELPHIA

2024

Стихи Юли Фридман я читаю давно и восторгаюсь ими давно. И вот сейчас перед нами книга, огромная и, на мой взгляд совершенно прекрасная. В ней есть сила, красота и удивительность. В ней разворачивается жирный пласт онтологий и слышатся сотни заблудившихся голосов. Я выхожу в вековой сон, в одиночество, в любовь. Я выхожу в поле, где лешие, дети и старики, где разрыв-трава. И, читая стихотворение за стихотворением, я вдруг понимаю, что безвыходных ситуаций не бывает. Во всяком случае у нас всегда есть возможность превратиться в кукушку и улететь.

Владимир Богомяков, поэт

Юлия Фридман
"Чёрная работа мозга". - Филадельфия, 2024, - 406 с.

Иллюстрации и обложка: Lanifera ©
Все права защищены

Yulia Fridman
"Dark Labor of the Brain". - Philadelphia, 2024, - 406 p.

Graphics and Cover Design by Lanifera ©
All rights reserved

ISBN 979-8-9858179-5-9

Published by Paul Mostinski, Philadelphia

© 2024 Copyright by Yulia Fridman

Книга 1. Сумерки электромонтеров

* * *

Я вышел в поле, и дух беспутный
Ночью увлек меня с тропы.
Церковь, река - очертанья смутны,
Дерево, вставшее на дыбы...

В воду чуть-чуть не оступился,
Словно вдруг в спину уперся взгляд -
Кто-то, мелькнув, в тумане скрылся,
К заводи темной жуки летят.

Прима, за ней вступает втора,
Музыкой томной пьяня, дразня...
Лодка плывет, не найдя опоры,
Деревом вен поперек меня.

Кто я такой? в суете столетий
Стыд позабывши, как я смог,
Стольких событий немой свидетель,
К милой земле не вернуться в срок?

Холодно, звезд пересвист походный,
Камнем на землю уронишь взор:
Всплеск одиночества в верхних водах
Тяжбится, с эхом вступая в спор.

Ниже слагают к скрипке скрипку
Лешие дети и старики,
Мечутся в воздухе рябью зыбкой
Их путеводные огоньки.

Сердце горячей стыдной кровью
Полно сверх меры, и проку нет -
В толще колод подкидных сословий
За прожитое держать ответ.

...Духом беспутным озадачен,
К утру я вышел на тропу.
Вижу, прохожий о чем-то плачет,
Тащит мой труп на своем горбу.

1996 - 2023

* * *

М.Г.

Мария, Мария, Мария
К обедне не встанет молиться.
Под осень дни бродят шальные:
По небу пройдется зарница,
Наш город - шептать да креститься,
Клоня колокольные выи...
К стеклу прикоснется Мария,
И медленно время струится.

(Горячего сердца надсада,
Томленье тревожного слова
Стоят, удостоившись взгляда,
И в землю срываются снова.
И кажется, что́ нам, дворовым,
Привыкшим ловить чаевые,
С плеча подхватить, как обнову,
Монетное медное имя?)

1989, 1997

The Yage letters

Д. К.

Ночь темна, и шевелится время едва.
Неразумных людей повторяя слова,
Расскажи мне о Городе Мира.
Звон стакана о блюдце, расколот гранит...
Издалека невидимый свет к нам спешит,
Чуть заметно дрожанье эфира.

Тридцать тысяч веков продолжается сон.
Странным вирусом малых планет поражен,
Так расшатан остов мирозданья.
Отстоявшись в озерах, спадает вода,
Голубая, как кровь наших жил, господа,
И уходит - вы знаете сами, куда,
На слова не хватает дыханья.

Мимо башен... часов оглушительный вой -
Посмотри: мы обмануты этой травой,
Или взяли рецепт у пройдохи?
Вот, окликнем двоих, что идут сквозь туман
К нам навстречу... но старший чудовищно пьян,
Мальчик, тесно прижавшись, нащупал карман:
На любовь там последние крохи.

То трущоба, то многоэтажный на вид,
То ли дом, то ли каменный город стоит,
Здесь раскрытая дверь нам добра не сулит:
Все замки переломаны ветром.
В опустевших глазах - человеческий взгляд
Проигравшего в кости, и стулья скрипят,
Из щелей прежде времени слышится смрад
И подходят с ножом незаметно.

Гаснут свечи, в ушах подозрительный звон,
Но поднимемся выше, и нам уж смешон
Жадный визг перепончатокрылых -
Там, в мансардах, горит электрический свет,
И гудят потолки, и спасения нет:
На испуганный оклик получишь ответ
Умолчанья, космической силы.

Что сильней - бесконечность, мгновенный испуг?
Чешуя или крылья пробьются из рук -
Стой, смотри, как секунды гуляют вокруг,
Как убитого тащат по крыше:
Это время, к надеждам попавшее в плен...
Чем здесь занят безумный? - он ждет перемен!
Странный ветер и нас поднимает с колен,
Кости в руки, и ставки все выше.

... За столом, наливая друг другу вина,
Не обмолвимся словом: на что нам дана
Ядовитая пригубь прогорклого дна,
На ладонях дрожащая пена?
Что ж, пускай от стыда не поднять головы,
Мы прощаемся и переходим на "вы",
Наблюдая, как разум, лишенный листвы,
Вырубает свой ствол из полена.

1994-96, 2023.

* * *

Р.А.

Нам по улицам неправильно ходить,
Только крадучись, травою под мостом,
Только в памяти не надо бередить,
Разбередишь, не уймешь его потом.

Вот так солнце, обернись да посмотри,
Как беспомощно сужается зрачок,
Вон шарманка с шестеренками внутри
Распускается и вянет, как цветок.

Ты не знаешь, но запомнится, как сон,
Это тень в руке у зеркала дрожит,
Это маленький ритмический закон
Однозвучно кандалами дребезжит,

И любовь тяжелым камнем не вздохнуть,
Ты узнаешь, как растет разрыв-трава,
Ходят женщины, и падает на грудь,
Разбухает от железа голова.

Слышишь девочка, судьба твоя в лесах,
Удивленная, вопросом на вопрос,
Две кукушки в механических часах,
Голубые, как цветочный купорос.

Слышишь девочка, и голос, словно нож,
Словно птица крутит голову, дразня,
Слышишь милая, как странно ты поешь,
Словно сердце отнимаешь у меня,

Машет перьями летучая тоска,
Время жжется, время плавится, как лед,
И надежда, упоительно легка,
В свой смертельный поднимается полет.

Настигает нас какой-то перезвон
Колокольных переливчатых минут.
Отзвонятся и закончатся, как сон,
Гулким лезвием на шею упадут.

1998 - 2023

Старобельск

Темней деревянного леса,
Прозрачней озерной воды
Под рельсами бездна железа -
Стереть бы и сбросить следы,

Заглохнуть в своем уголке бы,
Но целится лестницей рельс
В дебелое рыхлое небо,
Как поезд бежит в Старобельск.

И там, где электромонтеры
С похмелья выходят на свет,
"Валуйки" откроется взору,
И будет - вокзальный буфет,

Звон вилок в облупленной зале,
На блюде кровавый карась,
И девушки смотрят глазами,
И юбка у них задралась.

И что нам помехой могло бы -
Где водка прозрачнее слез,
Где если любовь, то до гроба,
До стука вагонных колес.

2 декабря 2002 г.

Потайной топор Лакатоша

Книга 2. Потайной топор Лакатоша

По дороге на ул. Максимова

От горячих созвездий, от змей коренастых без кожи
Борони меня Дева, и прочной твоей головой
Заслони, загради, это я или кто-то похожий
Мнет набрякший окурок под грозный автобусный вой.

Ни война, ни любовь, ни кровавая слякоть заката,
Расписание строже, и буквы дождем налиты,
Приговоры реклам над шоссе громыхают крылато,
Прут прохожие из-под земли, городские цветы.

Над ночной типографией вьется немецкая утка...
Подстрелив Сатану, когда он пролетал над Москвой -
Атеизм наша вера, и нету древней предрассудка,
И автобус свернет или врежется в дом угловой.

сентябрь 2003 г.

Путь трамвая

Бедная голова, вполколеса дорога,
Наши принцессы спят в гнездах многоэтажек,
Я захожу в трамвай - трогай, трамвайщик, трогай,
"Ой не морозь меня" грянь на пустой бумажник.

Грянь "не морозь меня", лысая образина!
В черных очках вдова держится за сиденье,
Барышня в шляпке, раз! вышла из магазина,
Стой, ты прекрасно, два! уличное движенье.

Маленькие цветы словно зовут кого-то
Красные на снегу, как же вас не измяли,
Здесь под землей без нас тихо ползет работа
Темная, как вода вдовьей твоей печали.

- Мимо, теперь нельзя будет остановиться!
- Так же, как в прошлый раз, я никогда здесь не был.
Где-то в шестом ладу скрипнула половица,
Нам выходить в окно, не доезжая неба.

9 сентября 2002 г.

В альбом к Наташе М.

Между лестниц коротких, в начале короткого дня
Остановится голос, и кто-то воскликнет снаружи,
Скрипнет дверью - голубушка, пава, не ждите меня,
Это ветер другой, и ледок пробегает по луже.

Я не вспомню о Вас, я пройду, завернувшись плащом,
Мне играют на дудке холодные круглые губы,
Вы прекрасны, как жизнь, ну а нам красота нипочем,
Нам морозное сердце когтями изрыли суккубы,

Обнаженны их чресла и белые груди белы,
Мы почтительным взглядом изгибы их тел провожаем,
Нам играют на дудке, и скрип патефонной иглы
С их звериными стонами на сердце перемежаем.

И какие-то ходят трамваи, и, может быть, в ряд
Девять кошек прошествуют важно, и шествуя важно,
Озадачат прохожих - и девять прохожих стоят,
О причинах явлений беседуя многоэтажно.

На восток и на север, и компас испортит магнит,
Не растут фонари на морозно-болотистой почве,
Только снежные бабы, на Вас не похожи на вид,
Только дудка свистит и в груди, леденея, грохочет.

19 ноября 2002 г., 2023 г.

Побег

Отсчитывая миг, отсчитывая два,
Ты говоришь со мной небрежные слова,
Фонарик на столе и кляксы между строк,
И щурится в окне косматый потолок.

Тот юноша чужой, пожалуй, он не спит,
Как птица с бородой, на жердочке сидит,
И топчется над ним унылая звезда,
Как одинокий след упорного труда.

Ты думаешь о нем, хотя он неказист,
Он вырос за столом, как дикий гимназист,
Попробуй уложи его к нам на кровать -
Начнет тебе латынь на ушко диктовать…

Не слушаешь меня, и вырез на груди,
Ну что ж, изволь, фонарь возьми и уходи…
С той стороны двора видать, как в лодке бог
Угрюмо по домам развозит недотрог,

А ты бежишь одна в накидке голубой,
Сдвигаются, толпясь, дома со всех сторон
И выплеснут вот-вот весь городской планктон,
И городская рябь сомкнется над тобой.

А я сложу письмо и к свечке поднесу,
И в имени твоем уже дымятся буквы,
Латиница теней темнеет на весу,
На ощупь гладкая, как ровный ствол бамбуковый.

23 февраля 2003 г., 2023 г.

Из тумана

Ни тунца, ни макрели... свистит в пустоте Волопас,
Беспокойное море вздыхает, лишенное речи,
То пастух, то рыбак озирается тысячью глаз,
Но кругом не видать ни единой души человечьей.

Словно пристань на острове - лодку направили к ней,
От тумана шалея, на палубе сгрудились братцы,
А причалил товарищ, так на сердце стало темней,
Как он вышел на доски и начал над нами смеяться.

Парус вянет осенним листом на таком сквозняке,
Там, у самого дна, ждут добычи разумные рыбы,
Протянуть бы им сердце в распухшей холодной руке,
Да нырять глубоко, а подняться они не смогли бы.

Так прости же, прощай, если ты еще помнишь о нас,
Скоро лезвие месяца вырежет нас из тумана,
Совершенно чужих, перевернутых в зеркале глаз,
За углом зодиака, в отточиях звезд безымянных.

24 сентября 2002 г., 2023 г.

Земля идет в рост

Проходя случайно тем же маршрутом,
в просветы между домами и без перехода,
замечаешь: земля вырастает все выше,
белый заборчик теперь совсем затопило,
а раньше он нам с тобой приходился по пояс,
белый заборчик, белый и грязный, в полоску.

И старых старушек, с лавками их, затопило,
старых старушек, сердитых, немного в маразме,
"Шапку надень," - говорили,
                а вот ведь пропали совсем, с головою,
на их месте выросли новые лавки, другие старушки,
новые вовсе, а прежних совсем затопило,
черной накрыло землей.

Стукнет асфальт в подбородок пустые балконы,
и поползут по земле бесполезно усы телеграфа,
что же нам делать?.. а камень в груди холодеет,
тянет под землю, и хочется вырыть руками -
с маленьким сердцем, вон оно там над землей вырастает,
жить неохота, чужое оно и не помнит совсем ничего:
ни черных старух, ни белый в полоску заборчик...
глупая рыба, утонешь сама под землей.

5 октября 2003 г.

* * *

День - понедельник. Город Угорье.
В поезде нет незасиженных мест.
Птицы свободны и чувствуют горе.
Ты обманул меня, черный скворец.

Пестрая карта из точек и трещин,
Сипло стрекочет в дыму товарняк,
Гарь на устах у растрепанных женщин,
В воздухе, видимо, что-то не так.

Что-то молчит или что-то грохочет,
Будет так плохо, как раньше нельзя,
Время стоит на развалинах ночи,
Взглядом по бывшим пространствам скользя.

Здесь нам и жить, у перронных развалин,
Век наш делить с удалым вороньем:
Я - приживалкой пернатых окраин,
Ты - черной буквой на сердце моем.

15 августа 2003 г.

Сумка

Я люблю вас, а вы меня нет.
Ну и черт с вами, ходите себе по улицам,
Прячьтесь под зонтами, ловите шляпки,
Обнимайтесь пылко с глупым другдругом,
Мне нипочем, а вам все равно надоест.
То есть, грустно, конечно.
А в общем-то наплевать.

В троллейбусе на коленях у старикашки,
Шурша квадратиками клеенчатой шкуры,
Свернулась очень страшная сумка.
Он ее совсем не боится,
Потому что привык.

28 августа 2003 г.

Заблудившийся голос

"Лиза, я слаб и болен!" Я здесь живу тридцать лет,
и не знаю никакой Лизы, а дело к вечеру,
помогите советом; и вот приходит совет,
и конверт распечатан, но как извлечь его.

Голоса неизвестных бродят по голове,
отворяют двери с тяжелым скрипом.
Может, Ленин и дети, твоя рука в рукаве,
вы не могли бы отсюда - а вы могли бы?

Спасение утопающих - дело тысячи рук,
облепленных илом, скормленных рыбам,
жизнь за жизнь, мы слыхали, но для чего этот звук -
просто двери, одна за другой, со скрипом.

6 ноября 2003 г.

Кукушка

На рельсы тень моста ложилась,
И, наступая на стекло,
В часах кукушка шевелилась,
Переводя дыханье зло.

Но что такое механизмы,
Кто скажет, что у них в мозгу?
Нельзя сквозь скрежет странной жизни
Так доверять часовщику...

Мы помним, что случится с нами,
В минуты ясности ночной,
И каждый носит в сердце камень,
Растущий камень гробовой.

Но как там стрелка повернется,
Никто не знает наперед,
И как кукушка встрепенется,
И сколько раз она сочтет.

8 ноября 2003 г.

Товарищи

Есть подозрение, что мы давно оглохли,
И в мире нет живого языка.
Каких-то срочных труб немые вздохи
Не слышно, как летят издалека.

А в голове смышленая пластинка
К фантазии подводит звукоряд,
Товарищи слезают с фотоснимка
И мертвыми ушами шевелят.

26 февраля 2004 г.

Мечта о Барнауле

Человек собака, человек медведь
В деревянной чаще протаптывают тропинки,
Время им выйти в поле и там реветь -
Сквозь заросли фонарей, на опавшие фотоснимки.

Пожелтела печать, на бетонном поле коррозия,
Или как называется, когда в небо торчат штыри
Ржавой арматуры? Где-то ползут бульдозеры
Неизвестно куда, и кто-то плачет внутри.

У нашей музы вместо волос телеграфные провода,
Она сидит на вывороченном столбе
И болтает ногами, не скажет ни "нет", ни "да",
Пробубнит пустое под нос себе,

И по Водке-реке отправляя военный флот,
Государь наш чешет пузо на берегу,
Человек ворона влетает в открытый рот,
Смотрит наружу и говорит ку-ку.

27 апреля 2005 г.

Акустика разомкнутых пространств

Когда говоришь в большом зале, слышны лишь ударные слоги,
Отточья ложатся на кожу, и раны едва посолив,
Следами трехпалого зверя сползают на берег пологий,
И голый нудист мужичонкой бросается в Финский залив.

Сквозь многие беды живешь, да и делаешь много плохого,
И сердце об сердце разбито, чужое, а может, свое,
Теперь уж не вспомнить - но знаешь, когда обрывается слово,
То вздрогнут и птицы, и гады, и в чаще проснется зверье,

И все придорожные камни вздохнут, расползаясь по норам,
По мокрым канавам, по ямам, по вмятинам черных дорог,
И идолы с детских площадок древесно откликнутся хором -
А впрочем, никто не услышит, заткнись ради бога, браток.

10 апреля 2005 г.

Время туманов

Трижды бьет полночь. Дядя Витя зашел за шурупом.
Под окном скрипят, качаясь, столбы.
Он глядит в стакан, как будто в трубу с раструбом,
В коридоре туман, и страшно сбиться с тропы.

Слушай, Настя, - он вспомнил имя, - какого черта,
Помнишь, как мы играли, я сделал тебе колчан,
Как ломались стрелы - бессовестная девчонка,
Мы теряем часы, как теряют однополчан.

Твое имя было нежней, чем кошачья гривка,
А теперь скребет по губам и горло мое дерет,
Я стою столбом, и не помогла прививка,
Видишь, электропровод сквозь сердце мое растет.

Что это, дядя Витя, - мы скажем, - ты просто пьяный,
Бьешься с пустым стаканом, как рыба на берегу,
Это дрянная водка бередит чужие раны,
Это чужая память грохочет в твоем мозгу.

Мы заведем часы, пусть четвертую полночь грянут,
В рваных твоих карманах завелся карманный вор -
Брось ты их, дядя Витя, пора уходить в туманы,
Да не ищи шурупа, а сразу бери топор.

8 апреля 2005 г.

Разговор с лопатой

Наш сумасшедший дворник разговаривает с лопатой,
Как раз у самого входа лениво растет сугроб.
Красивая девушка Оля опять глядит виновато,
Чужой черноусый дядька опять потирает лоб.

И вот уж рыба фонарь озирается желтым глазом,
И тени дорожных знаков ломаются на просвет,
И кто-то устал мне лгать, и решил все выложить сразу -
С фамилией [неразборчиво], кажется, Культпросвет.

И вот сумасшедший дворник разговаривает с лопатой,
И вот безумный прохожий не может найти слова,
Хватает меня за шарф и трясет головой помятой,
На длинной пожухлой шее мотается голова.

А висельник Леша ходит, наверное, где-то рядом,
Безумному Диогену приносит плоды смоква,
И желтая рыба фонарь его молча встречает взглядом,
И в черных разводах сердца не может найти слова.

И многое есть на свете: красивая девушка Оля,
И белый снег на загривках сухих деревянных птиц,
И ритуальный автобус гуляет себе на воле,
Проносится в переулках, как автомоторный принц,

И на гололедных трассах, прикрывшись плащом горбатым,
Кто-то с ним ищет встречи, а сердце стучит раз-два,
И наш сумасшедший дворник разговаривает с лопатой,
И слушает, как лопата находит в ответ слова.

11 марта 2008 г.

Визит сантехника

Ворона зовет ворону: "Зачем ты меня зовешь?"
Ворона идет по снегу и разевает рот,
Чернеют ее подруги, как стадо больших калош,
На ноги подземным людям надеты наоборот.

Для них не бывает неба, не колятся иглы звезд,
Их лодки плывут по кругу, озера стоят вверх дном,
Плавучие клочья пены соединяет мост,
Подземные рыбы с юга проносятся над мостом.

Фундамент высотных зданий спускается в их места,
И если сантехник выпьет, то по лабиринтам труб
Сползет в глубокие страны, погрузится в города,
Опустится в бездны улиц его бородатый труп.

И шепот пустых вагонов, их огненные глаза
Проносятся по соседству, но что они говорят -
Сантехник уже не слышит их быстрые голоса,
Он там за стеной все ниже, и нету пути назад.

28 февраля 2005 г.

Про девушек

Книга 3. Про девушек

Происшествие в подъезде

Галина Ивановна входит в подъезд.
Похоже, а все-таки что-то не так.
Плевки оплывают с насиженных мест,
Под крышкой шевелится мусорный бак.

Чуть пухлую руку приблизив к перилам,
Галина Ивановна в пыль уронила
Какой-то предмет, и сейчас, как назло,
Закатное солнце не светит в стекло.

Упал кошелек или пододеяльник,
Икорка, колбаска, кастрюлька, капот,
Бархотка, горжетка, перчатка, паяльник -
Их сумерки скрыли, и ночь настает.

И клекот, и треск неизвестно откуда.
Идет проводница сквозь грохот колес,
Планету, как крышкой прикрытое блюдо,
Несет под голодными взглядами звезд.

4 октября 2004 г.

* * *

Уходи, пока можешь, железо в твоей колыбели,
Печень почернела, предсердия почернели,
Зарастает забором сердце, мозги картоном,
Зарастает дворик модным стеклобетоном.

Здесь качались стены, кивая пьяным,
Здесь ходил мужик с городским баяном,
С матерком, по лавкам скрипя, калеки
Ели вислоухие чебуреки.

Здесь трудились между колен качели,
Здесь вы нас любили, но не жалели,
Кровенила пальцы трава осока,
Ниже крыш косилась луна из окон.

Да видать, беда подступала тихо,
Кто-то кликнул лихо, и вышло лихо,
В разноцветном мареве непролазном
Светофоры пляшут, мигая глазом.

Пей не пей, могила подскажет повод,
Ангел-птица пачкает жирный провод,
Печень почернела, предсердия почернели
И ржавеет меч в твоей колыбели.

7 августа 2004 г.

* * *

Н. Т.

Семь тучных, семь худых коров
Его бодали без штанов.
Козлы, нагружены грехами,
Свирепо трогали рогами
И в те места, где нет усов,
Ему совали кирпичом.
Но все герою нипочем!
Он снова весел и здоров!
Он залезает на ослов
И тут же падает с ослов,
Он залезает на волов
И снова падает с ослов,
А там стоит жена соседа.
Течет неспешная беседа.
И он, не тратя лишних слов,
Уж снова падает с ослов.

16 июня 2004 г.

Схема зоопарка для Полины

Посреди зоопарка, где птицы уже прилетели,
Где ворчит капибара, воды набирая в живот,
Где железная видом лежит голова Церетели,
Прижимая ростки несозревших еще сефирот,

Там пройдешь и заглянешь, как звери посажены в клетки,
Мы могли бы с тобой, но ты лучше увидишь одна,
Как вода достигает какой-то тревожной отметки,
Как неровной дорожкой по ней пробегает луна,

Ты пиши не пиши, я и писем твоих не читаю,
Знаешь, много работы, ты знаешь, как много работ
И неначатых даже, а эта лиса из Китая,
Ей не страшно, она положила жемчужину в рот,

А фламинго, наевшийся перцу, краснеет на пляже,
А тебе не видать, потому что кругом темнота,
А большая кукушка, замыслив убийство и кражу,
Шевелится в яйце в самом сердце чужого гнезда,

А твоя красота достигает тревожной отметки
В пресной каше других, может, женских, ненужных мне лиц,
Проходи, проходи, видишь, звери посажены в клетки,
И закрыты замки, тверже век и надежней ресниц.

Посреди зоопарка, где звери, разбившись на пары,
Утруждают себя завершеньем сезонных работ,
Поверни, не забудь, потому что ворчит капибара
Рядом с длинным корытом почти что у самых ворот.

15 мая 2004 г.

* * *

М. В.

Я несу в рукаве, спотыкаясь в асфальтные ямы,
Я сушу под перчаткой, под сердцем, и не тормоши,
Развернешься ежом, не спеши, каракатицей плавай,
Неготовые в лужи беспомощно сгинут ежи.

Раньше были дружны, а теперь календарные даты,
Чувство долга, неловкость, и вежливый, словно портрет,
По окраинам мира шатается карл бородатый,
Рядом друг неразлучный, кудрявый английский брюнет,

Я боюсь не успеть, здесь туманы тверды и сквозливы,
Так оставь, не тревожь, дважды вздрогнешь над этой водой,
Не любовь и не смерть, эта пара для Леди Годивы,
Леди сбросила кожу, ты будешь опять молодой.

Растворяй, осаждай, слышишь, весело хлюпают боты,
Каждый счастлив, и каждый немыслимо в том одинок,
Низкой истины нет, только эхо горняцкой работы,
Только боль от шипов, как несу этот черный цветок,

Он распустится, дайте лишь срок, в глотки каменных лестниц
Пролететь по ступенькам, ленивые лифты не в счет,
И мохнатые пчелы, как черные совы предместий,
Только наши, родные - и что же нам нужно еще.

1 мая 2004 г.

* * *

В черный полдень выйдут звезды
И игривый, скок-поскок
По расщелинам морозным
Скользкий месяц-месяцок.

Городские клети голы,
Ни ребенка, ни щенка.
Медицинские уколы,
Осторожная рука.

Панцирь боли, смерти жало,
Накипь древнего стыда.
Хорошо бы нас не стало,
Не бывало никогда.

20 декабря 2003 г.

Сон про лошадку

Во сне родители купили
Пустую черную лошадку.
Жук-пахарь, жук-сестра, жук-телка
В ней поселились изнутри.
Жучихи где-то воду пили,
От них остались отпечатки.
В упряжке бегали с двуколкой
Лошадки черные по три.

Была у Люси с краской бочка,
И краской Люся рисовала,
Макая только кончик пальца
И проводя им от и до.
Четыре бронзовых сыночка
Ругали Пушкина сначала,
Потом их засмолили в яйца,
К кому-то сунули в гнездо

В промокших водяных угодьях,
Где человеку черт не брат,
Где по трубе сантехник бродит,
Где смерть растет на огороде,
Где часовщик длиннобородый
Считает пестрых кукушат.

12 сентября 2005 г.

Не бросай билет

Леночка смотрит на небо и видит набрякший бетон.
Смерзшийся камень; когда-то ходили у нас ледоколы,
Словно в скафандрах матросы, и звон отбегающих волн,
И колокольные всполохи треснувших чашек над полом.

Воздух слезает ошметьем с разбросанных крыш,
Галка к вороне идет в хороводе из башен,
Леночка, зря в ядовитые трубы дымишь,
Вот твой вагон, удивительным флагом украшен,

Вот твои рельсы полозьями по мостовой,
Хвост малахитовых руд и пятнистые шпалы,
Узкий билет, посмотри-ка - наверное, твой -
Ищет в зубах компостра кондуктор усталый,

Бездны сердитых и непонимающих глаз,
Черные кольца зрачков, разбегаясь от взгляда -
Там, меж фонарных аллей, вызревая как раз,
Белые луны, как свежая гроздь винограда.

Леночка смотрит в окно, строит рожи, и длинный вагон,
Даль раздвигая усами, проходит небесной дорогой,
Словно в скафандрах матросы, и воздух, звенящий от волн,
И семафор к семафору спешит в темноте многоокой.

2 августа 2005 г.

Дело Риты

Шахматной дробью бетонных дворишек,
Кашляя пылью прочитанных книжек,
Входит, как будто в немое кино,
Дедушка старый ему все равно.

В черной квартире разбита посуда,
Шляпа, как будто китайское блюдо,
Жадно зевают подметки, и трость
Ветер из рук, как собака за кость.

Столько воды утекло, будто с гуся!
Польты украла уборщица Люся,
А за подкладкой то смотрит, то нет
Из-под руки ретушера портрет.

Под свитерком поправляет медали.
Дедушка-дедушка, мы тебя ждали:
"Вот погоди, что-то бросит в окно
Дедушка старый ему все равно!"

Звезды потухли - он дует на угли.
В эти железобетонные джунгли
Вступишь и канешь монетой на дно.
Дедушка старый, ему все равно.

Трубка повисла, в ней тянется зуммер,
Дедушка старый давно уже умер,
Что-то в Иваново, что-то в Чертаново -
Нам все равно, мы все сделаем заново.

22 августа 2005 г.

* * *

Снова рушится наш уют,
Снова мертвые ищут нас,
И в гудки телефона бьют,
И бубнят в часы каждый час,

Звук коротких шагов в мозгу,
По углам заворчали псы.
- Выбирай: или я тебе лгу,
Или все критяне лжецы.

И Алиса заходит в лес,
А луна норовит в окно,
Под щекой у нее желез-
нодорожное полотно,

И шершавые речи птиц,
Как детей со двора зовут,
Полки книг, проросшие вниз,
Скоро осень сморщит листву.

Нас забыли, Алиса, тут,
В фолиантах палой листвы,
Нас уже живые не ждут,
Даже ты, Алиса, увы,

И чужое имя с тобой
Дует в трубы стволов пустых,
Пробираясь волчьей тропой
В перечеркнутых строк кусты.

17 августа 2005 г.

* * *

У людей, Алиса, есть дом и служба,
Зубы батарей и дверной проем.
Один человек сделал что-нибудь нужное,
Другой куда-то вышел и стоит под дождем.

Он курит, и проступают пятна помады
По краям папиросы с другого конца,
Счастье было так близко, вот его и не надо,
Целая охота уже бежит на ловца.

И есть много дорог, они разного, разного цвета,
По одним ходит воздух, по другим гуляет игла,
Папироса мокнет дольше, чем сигарета,
У Алисы в сердце нет другого угла,

Слушай, Алиса, ты ничего не слышишь,
Это в дверь с обратных сторон стучат
Каблуки, на которых идут по крышам
Капля к капле хлюпают невпопад,

И назад нельзя, ведь нет ни минуты,
Не осталось времени, потому что времени нет,
И не надо, Алиса, это гремит как будто
Билетная касса, вот взял человек билет,

Под дождем, Алиса, вдруг захочешь укрыться,
И как раз метро выходит из-под земли,
И вползают змеи, и ковыляют птицы,
И какие-то звери к кондуктору подошли.

21 сентября 2005 г.

Про девушек

* * *

От живой жены стыдно томиться в парадном,
Мять перчатку, думать про затяжной из окна,
Голуби в снегу и цвета красного мармелада
В зеркале асфальта сломанная луна,

Но если перчатка, не так - силуэт перчатки,
Вывернутой, как целью достигнуть средства,
С парусом юбки, как ни проси пощады,
Передвижной картинкой вступает в сердце,

Где всякий встречный корчится, как влюбленный,
Даже фонарь одноногий стоит и жалкий,
Темный двойник в каждом окне вагона
Глупо вздыхает, щелкая зажигалкой -

Вспомним о нем, он уже набирает скорость,
Там, на вокзале, как локоть жены, знакомом,
Выйдут другие: он не покинет поезд,
Чтоб навсегда остаться в стекле вагона.

10 октября 2005 г., 2023 г.

Про девушек

Пришло время человеческое,
стали города человеческие,
расцвели сады человеческие,
поднялись леса человеческие,
выросли девушки человеческие
с большой головой,
с большими глазами,
с большими усами,
ой, это неправильно,
с большими наверно ушами?
с большими ушами,
а может зубами?
с большими зубами,
с печальным сердцем.

Жила-была одна девушка,
и ей подарили
механическую розу,
стеклянного соловья,
фарфоровую книгу,
бумажную вазу.
Подарки ей очень понравились.

Жила-была одна девушка,
ей сказали:
девушка-девушка,

в твоем сером доме
серые окна
выходят на серую улицу
с серыми плащами людей,
с серыми зарослями облаков,
с серыми цепями мостов.

Про девушек

Не покупай серый конструктор:
если ты купишь серый конструктор,
с тобой случится большая беда.
А у девушки был зеленый конструктор.
Подружка предложила ей поменяться:
зеленые винтики на серые винтики.
И девушка согласилась,
ведь винтики это еще не конструктор.
Знакомый предложил ей поменяться:
зеленые кубики на серые кубики,
и девушка согласилась,
ведь кубики это еще не конструктор.
И вот она ходит по городу и меняет
зеленые гаечки на серые гаечки,
зеленые крантики на серые крантики,
зеленые разводные ключи на серые разводные ключи,
и смотрит большими глазами,
и хлопает большими ушами,
и гадает печальным сердцем,
когда же с ней случится большая беда.

15 января 2006 г.

* * *

В Небесном Киеве расцветают снежные розы,
Каждая ростом с башню и совершенна, как госпожа.
Снежные голуби клюют ледяное просо,
Снежные чайки ловят рыбу с ножа.

В железном сердце воина, как в клетке, бушуют страсти,
Железные кошки точат когти о красный прут.
Железные рыбы для них обрывают снасти,
К каменному причалу на всех парах идут.

В каменном городе госпожа останется стойкой,
Не согнет спины под тяжестью снежных роз
На забытой площади, где она бежит с мухобойкой
От рогатых троллейбусов, выгнанных на мороз.

И пускай чужие буквы пестрят в газетах,
И с плакатов смотрят совсем не те -
Ведь в Небесном Киеве наступает лето,
Наступает на сердце и плавно скользит в пустоте.

3 февраля 2006 г., 2023 г.

* * *

Мне снится твое тело, Felinia Terminalis.
Я уже забываю ошибки последних лет,
И воздушные тени плывут, поднимая палец,
И порочно хихикает в темном шкапу скелет.

Ты молчишь и ни словом, ни жестом себя не выдашь.
За звездой леденцовой, нарочно ступая в грязь,
Я бегу по паркетам, по черной земле, как видишь,
Только ты и не смотришь, твоя-то мечта сбылась.

Беглый лебедь, забыв зоопарки, выходит из лужи,
А в желудке его расцветает букет нематод,
И свинцовое небо в глаза к нему лезет снаружи,
И надравшийся бомж популярную песню поет.

29 мая 2006 г.

Ёж не остановится

Книга 4. Еж не остановится

Хельга из кургана

Хельга встает из кургана и зовет своего коня,
И на свист выходит негромкий косматый еж,
Хельга ему в укор: умаляясь день ото дня,
Забываешь меня, дорогой зверья идешь,

Ни коварством сердца, ни безрассудством ума
Не связать их волю и не угнать в полон.
И на босых ногах она выходит сама,
И говорит с ежом, и ей отвечает он.

Хельга проходит лесом поверх знакомых могил,
Конский каштан в охапку гостью свою берет,
Та его узнает, но бесполезен пыл:
Дерево из земли соки земные пьет.

Многие встречи случайны: "Заяц!" - "Я так и знал," -
Умные лисы в темной грибнице нор.
Радио бьет ключом, но перекрыт канал
Стаей телеграфисток; споро идет набор,

И плотоядный взгляд бесчеловечных звезд
Лезет куда-то сквозь ягоды и кусты,
И обольщенье роз, и шевеленье гнезд,
Короткохвостых сов вздохи из темноты.

Хельга идет к кургану и начинает петь
Так, что к ее ногам ложится могильный червь,
Жирной струною к ней тянется каждый нерв,
Но нелюдим-сосед не покидает клеть.

Хельга идет назад и зовет своего коня,
Яростный, как труба, слышен ответный рев,
И вдоль стены небес пляшут следы огня,
Круглые, как удар громких его подков.

14 августа 2006 г.

* * *

Над зеленой водой междуречья
Месяц с голову человечью,
Там дороги цветут картечью
И сторонится встречный встречного.

А у нас в Москве люди модные,
Над Москвой стоят луны полные,
И пространства у нас свободные,
И тошнит их радиоволнами.

Забредешь ли в метро народное
Или в храмы входишь господнии -
Все цепляешься, как за водоросль,
За какие-то псевдоподии,

И какая-то плесень жирная
Лезет в уши, вопя панически,
Потому что пугают мирные
Формы жизни неорганической.

22 сентября 2006 г.

* * *

- А это бывшие люди, - говорят, и темная скатерть
Накрывает лица цвета втоптанных в снег монет;
Кое-кого тут мы знали, и нам неприятна слякоть,
Налипшая на глазницы в эти несколько лет,

Мы утешаем себя сказками демонов ночи,
Будто они всего-навсего съели наших друзей.
Это кого-то коснулось, зато миновало прочих,
А как же иначе, ведь время становится злей,

И весна становится странной, и дышит своей отравой
В декабре, и нам страшно, какая будет зима,
И даже добрая фея улыбается так лукаво,
В таком откровенном платье к принцу идет сама,

А у Красной Шапочки такие большие глазки,
Такие острые зубки и твердый рептильный хвост,
Что стая серых волков выходит на лед с опаской
И ловит черную рыбу, проваливаясь под мост,

В черные трещины, где шевелят глазами
Маленькие раки, где время ползет назад,
И волки зовут: "Айболит, мы не верим,
                       что будет с нами!" -
Захлебываясь водой, последним криком кричат.

А эти демоны ночи просто надели шкуры
Бывших друзей, и ловят нас на крючок,
Их пустые сердца догрызают жучки-амуры,
Электрический свет впускает пустой зрачок,

И я помню, что Вы намеком, коротким словом
Обо всем об этом предупреждали нас
У озера, где волны служат покровом
Подводному городу, качая красный матрас,

И какие бы гости не лезли к нам этой ночью,
Звонари под водой не опускают рук,
Маленькие раки таращат длинные очи
И сползаются книзу, и дружно смыкают круг.

12 декабря 2006 г.

* * *

Мокрые марши уходят в измятое небо.
Каждый рассвет как наждачной бумагой сердце скребет.
На весельной лодке вензель Бориса и Глеба,
К берегу ванной крошечная лодка плывет.

Маленький мальчик, еще не зная о смерти,
Трогает лодку, и вес ее тянет ко дну.
Я беру за веревку и тоже ее тяну.
Фотографии перешептываются в конверте.

Плащ, как парус, но если вдруг зацепишь подол,
Если потянут назад, распускаясь, безмолвные нити -
Не торопитесь, ветер газеты подмел,
Некуда спешить, снежный сад на небе отцвел,
Мы вот-вот догоним, не надо, не торопитесь.

28 декабря 2006 г.

* * *

Между труб растет трава.
Люди огибают дом.
Человеческий трамвай
Подползает к ним с трудом.

Это девка из Рязани,
Это бабка из Орла.
Колбаса у них с глазами,
С контрацепцией метла.

Помышленьем полон плотским,
Кто-то комкает билет,
Лишь кондуктор по-сиротски
Починяет турникет,

Тетя с голубиным зобом
Шепчет дяде: "Доставай…"
По ухабам и колдобинам
Приближается трамвай.

Скоро ласковая дева
В дом ко мне войдет сама.
Я не знаю, что мне делать,
Я боюсь ее весьма.

17 марта 2007 г.

* * *

Не завтра, братец, не поедем
Кататься по кривой земле.
Идет цыган с цепным медведем
На представление в Кремле,

И белой ночи ленинградской
Голодный посвист у ворот,
У телевизоров с опаской
Жует колбасное народ,

А помнишь? было и печали,
Как шли составы на закат,
И было слышно, как в подвале
Вуглускры томные шуршат.

Как небу не остановиться,
Не уронить глаза в тоске?
Плывет косматая царица
По белой уточке-реке,

Выходит к ней баран кудрявый
И просит хлебушка. Куда,
Лишь скипетр с ветхою державой
Да в верфях тусклая вода.

В одну и ту же реку, знаю,
И сорок раз, и девять раз,
Земля кривая и сквозная,
И там уже забыли нас.

20 мая 2007 г.

К Центризбиркому

Нарисуй мне процент, комитетчик из Центризбиркома,
Как художник рисует Жар-птицу, зажмуря глаза,
Разноцветные перья одно подбирая к другому,
Киноварь и камедь, и жемчужной строкой бирюза.

Если правду соврешь - сам себе, дурачок, не поверишь,
Только спутаешь цифры, и галстук на шее промок,
И ползут голоса шепотком под железные двери,
И осечку дает никогда не смолкавший звонок.

Конкурент за решеткой, не в силах читать Илиаду,
О каких-то правах шепелявит прокиснувшим ртом,
Он не может понять, что народу все это не надо:
Гимназист хочет Путина, девушки будут потом.

А на улицах снег, и беременно небо туманом,
А на Ленинском лед завернет молодице подол,
В корпорациях праздник, начальника видели пьяным,
И Снегурочку тащит сотрудник, ликуя, под стол,

Они встретились раньше, на празднике Усекновенья,
И в распахнутом сердце гулял колокольный разброд,
И от скрещенных рук обнаженные падали тени
На портрет Президента, и в стены ломился восход.

Нарисуй мне процент, комитетчик из Центризбиркома,
Запусти генератор случайных дельфийских частот,
И увидишь - Снегурочка выйдет из каждого дома,
И взметнется петарда, и враг на лицо упадет.

30 ноября 2007 г.

* * *

Ежик идет, отдуваясь и фыркая.
Усатые люди растут из земли.
На ветру хлопают бумажные тряпки,
Трещины пишут письмо на асфальте,
Тени ложатся нежно.

Ближе к ухоженной части города
Великолепные клумбы,
Цветам не с кем поговорить.

Куда ты идешь, ежик,
Обрати на нас внимание, ежик,
Замри в восхищении, маленький ежик,
Что ты топорщишь свои колючки,
Кому ты нужен такой.

Как ты смеешь тронуть нас беглым взглядом,
Где твой рот, разинутый от восторга,
Даже если и вот он,
И он разинут,
Почему он молчит?

Говори о нас, маленький ежик,
Пой о нас, маленький ежик,
Поживи с нами, маленький ежик,
Умри за нас, маленький ежик,
На что ты нужен еще?

Ежик кланяется и идет дальше,
Фыркает, отдувается и идет дальше,
От восторга сердце давно разбито,
Колется изнутри.

Мы пошутили, маленький ежик,
Мы не так себялюбивы, маленький ежик,
Куда ты топаешь, как заводной, маленький ежик,
Оглянись на твоих еженят!

Может быть, они хотят кушать,
Наверное, у них болят лапки,
Скорее всего, они не доживут до рассвета,
Разве ты о них позабыл?

Ежик кланяется и идет дальше,
Фыркает, отдувается и идет дальше,
Семенит ножками и идет дальше,
Великолепные клумбы опасны,
О, ему ли не знать, как они опасны,
Здесь жизнь стоит единого взгляда!
Но судьбу молодого сердца
Нельзя выбрать за еженят.

Ежик устал, но он идет дальше,
Фыркает, отдувается и идет дальше,
Посреди великолепной клумбы
Он был бы счастлив умереть прямо сейчас.
Но не молкнет проклятая дудка,
Дребезжит железка сквозная,

Крысы-то ученые в норах,
Рядом с ними их крысенята,
Кто-то должен ее услышать,
Ведь она и сама устала,
Но не зря же звучит она!
И болят ежиные лапки,
Лезет в горло разбитое сердце,
Еженята стоят возле клумбы
Между строк асфальтовых трещин,
Стоят, свои рты разинув,
Забывая дышать от восторга,
Но нет ежу дороги назад.

8 июня 2007 г.

* * *

Учитель сошел с ума и молится комсомолу,
Мешая французский с вятским, переходя на санскрит.
Мертвые санитары уже обступили школу,
Что-то на средневолчьем Акела им говорит.

Где твой смех, Заратустра? Разве сегодня пляшут
Бешеные снегурки в пламени черных строк?
Это скрипит мотор у воронков на марше,
Это плетут из мяса бывших коров венок,

Это Цирцея спит с жирной свиньей в обнимку,
В винных парах тучнеют складки ее морщин,
Это усталые женщины, к груди прижимая крынку,
Ни на одной дороге не находя мужчин.

21 июня 2007 г.

* * *

Я в тапочках шел. Я искал тишины.
На рваный носок наползали штаны.
Как вдруг неизвестный мне вышел навстречу
И начал такие коварные речи:

Я Фенозепам! Я живу под стаканом!
Я голос усатых ночных тараканов,
Которых ты давишь противной ногой
И больно калечишь, пиная другой!

Оставь недостойные эти пути,
Иначе, клянусь, нам придется уйти!

Я взял его пальцами. Он верещал,
Кусался, брыкался, пищал и трещал,
Пыхтел и сопел и крутился на месте.
Я сам не хотел, а пришлось его съесть.

Вот так, по-соседски окончив наш спор,
Я дальше пошел. И скрипел коридор.

Вдруг голос раздался хвастливой соседки:
Я валериановый корень в таблетках!
Я голос котов (а возможно, кротов)!
Впусти их в окно, что закрыл на засов,
Пускай они бешено воют, как встарь!

И я проглотил эту странную тварь.

С тех пор я иду и покоя не знаю,
Хоть многих встречаю и часто глотаю:
И Аминазин, голос храбрых грузин,
И сам Циклодол, голос тех, кто под стол
Залез впятером, волосатый, небритый,
Немытый, и цыкает зубом сердито,
И щупальце тянет на скатерть, урод,
И сопли свои мне в тарелку кладет.

11 августа 2007 г.

* * *

Пожалуйста, вернись, мы без тебя устали.
Под пестрым парусом на маленьком плоту,
Где речки прижимаются устами
К холодному и каменному рту,

Где рыба верная и ворон говорящий,
Где тварь живая на помин легка,
Где тропы обрываются все чаще
Мостом да бродом в чаще тростника -

Давай расставим шахматы и карты,
Две партии я проиграть хочу,
Чтоб совы предвещали, ворон каркал
И жук-зазнайка ползал по плечу.

Нет пальцев тоньше, нет походки легче,
Разрезов глаз бродячий звукоряд, -
Мне мило все среди твоих коллекций,
Все голоса, как надо, говорят.

В больших ботинках, в шапке волосатой,
Инкогнито, как бывший падишах,
Под руку с рожей, в драках перемятой
(А может быть, ты в красных сапогах) -

Не знаю, кто, но каждая собака,
Уныло выходящая под дождь,
Мотает мордой, ожидая знака,
Что ты соседней улицей пройдешь.

5 декабря 2007 г.

* * *

Мария, пишу к тебе, потому что ты не читала
Писем и раньше. Если ты жива и в своем уме,
На асфальтах рваное покрывало
Обойдешь по краешку: быть зиме,

Из семян полимеров вырастают елки,
Из яиц вылупляются Санта-Клаусы,
У них острые зубы, у них иголки
Крупные, но девушкам это нравится.

А милиция дежурит со вторника,
Лестница в цвету от колоний плесени:
В третий раз скинхеды сожрали дворника,
По углам не метено больше месяца.

А бомжи и собаки едят друг друга,
Замкнуты в одной биологической нише,
Выхлопные газы им мед, и вьюга -
Словно мать родная в затылок дышит.

Дядька в камеру строит жида рогатого
(Не достичь успеха с подобной рожей),
В темноте столкнувшись с холодной статуей,
Неуверенно матерится прохожий.

23 декабря 2007 г.

* * *

Зеркала, едва их коснется твое отраженье,
Покрываются трещинами, принимают вид старинных картин.
Наши лица с видом движущихся мишеней,
Тридцать три минуты проходят, как день один.

Черная пластинка дрожит под иглой, как вена
Маленькой хозяйки, как гурия в парандже,
В мутные сны шахида влипшая по колена,
Как в варенье муха, не повернется уже.

По магнитным доменам - волны, смешав порядок...
Нет печальней участи жителя этих строк.
Смрадный дым отечества смрадному сердцу сладок,
Спрячься в противогазе, преданный мой сурок,

Помнишь, по разным странам - а впрочем, подводит память
Не одного тебя, да и не нужно тут
Лишних воспоминаний, глупое сердце ранить,
На вот, хлебни двойного, как там тебя зовут.

Здесь мы живем, как плывем, а в чем - не спрашивай даже.
А что блеснет улыбкой - вплавь спасайся на дне,
Там невозможен свет и по-настоящему страшно,
Пожалуй, на этой липкой необитаемой глубине.

Это пел черный лебедь, его голова на блюде,
Бархатный шелест виселиц вдоль дорог,
И если ты не забыл, как это делают люди -
Не унижайся до человеческого, сурок.

22 января 2008 г.

Книга 5. Птица Гугук

На 19 февраля 2008

Забирала матушка, промахиваясь сетью,
Выползал прорехою поезд-рельсоход.
Кто на шкуре несет те ее отметины,
Тот в огне не тонет и в земле всплывет.

Уходила душа, схваченная неводом,
Ухватились за ногу, а в руке сапог,
А сапог стоит пустой, и ходить в нем некому,
Не топтать неслыханных невиданных дорог.

Под землей на празднике пряничные домики
Вышли реки черные из жирных берегов,
Звуковые волны разносятся по комнате,
В щепки разлетаются лодочки из слов.

19 февраля 2008 г.

Комплект

Хемуль печально перебирает марки:
Вот одна с паровозом - дымит, как живая - а вот
Двухголовая птица, вот дятел в общественном парке,
Вот высокая башня огнями салюта цветет.

Здесь воздух мнется нашествием темных магнолий,
Словно кровь типографского сердца упала на их лепестки,
По краям звукоряда какой-нибудь вздох поневоле,
Глуховатые, в тапках, следы застарелой тоски.

А здесь - парад инструментов! На них уже не играют,
Порваны струны, закинуты где-то на склад.
Три блатные аккорда по-прежнему бродят дворами,
Их гопарь с гопаренком за жабры берут невпопад.

А на этой сирены и сфинкса душистые груди,
Афродита небесная смотрится в зеркало вод,
Под водой удивляются рыбы, как сделаны люди:
Ноги сверху и снизу, куда, мол, такой поплывет.

За страницей страницу трогая пальцем,
Хемуль достает марку, держит ее на просвет.
Никуда не денешься - они повторяются.
Это полный комплект, совершенно полный комплект.

20 июня 2008 г.

Конечная

Мы выходим и видим, что в небе шевелятся тени,
И, один за другим впопыхах покидая вагон,
Наступая на трещины или на корни растений,
Пассажиры слезают, чтоб ноги размять, на перрон.

Он пророс фонарями, тут надо совсем быть железным.
Объявляют конечную станцию Армагеддон,
Говорят, будто рельсы проходят над огненной бездной,
Пассажиры шумят - где стоп-кран, отцепите вагон,

Пассажиры желают какого-нибудь возмещенья,
Предъявляют билеты, пускай их проверит сосед,
Но не хватит на всех - говорят, узок путь ко спасенью -
И спешат пассажиры соседу испортить билет.

Покурить на платформе; вон бабка летит с пирожками,
По бокам кольцевой полыхает рубинами жмых,
И на хлебные бездны горящего неба над нами
Люцифер выпускает коней семицветных своих.

18 июля 2008 г., 2023 г.

Красный Дед Мороз

Дед Мороз мнет шапку в руках, и снова
Надевает бороду - пугали, что прирастет.
Снегурочка по-женскому нездорова.
Скорая помощь снежным жуком ползет.

В мешке лежит заводная игрушка,
Тикает, как нервное сердце в мужской груди.
В этом доме жил и работал Пушкин.
Девочка, милая, не стой, иди,

Дома твоя мама, она заплачет,
Этот подарок, он не такой слегка,
Вдовья судьба, сиротская удача,
Два жестких усика-проводка.

Я не хочу давать тебе эту штуку.
Что у тебя в глазах, страшный какой вопрос -
Я друг Снегурочки и предводитель кукол
(Просто она больна), видишь мой красный нос?

Это он потому, что я проклят красной судьбою.
Руки лезут в мешок, тянут наверняка.
Нет, я ухожу, не смогу остаться с тобою,
Скоро найдут друг друга два усика-проводка.

Видишь обманы стен, видишь - рисунок трещин
Медленно прорастает, как цветок пустоты,
Слышишь, он пьет воздух, а вокруг, как смятые вещи,
Как пустые конверты, мама твоя и ты.

18 августа 2008 г.

Обрыв кабеля

Трансатлантический кабель перегрызли дикие рыбы,
Такие же, как мы с вами, но ведь у них нет глаз,
Да и что они увидеть смогли бы
На дне океана, где так темно сейчас,

Попади к ним человек, двуногий - он заскучает,
Не видно ни телика, ни аськи, еб твою мать,
Их имена ему не подскажет память,
Безглазые рыбы, как ему их понять.

Они едят друг друга, как мы - сарделек,
Сенсорны иллюзии в темной воде,
Они ебут друг друга, при этом у них нет денег,
И даже неясно, как выжить в этой среде.

Человек мобильный иль транспортабельный,
Гуляющий по траве босиком,
На вопрос, зачем перегрызли кабель,
Не ищи ответа на дне морском!

Наедине со своим монитором,
Сам не заметив, как ослеп и охрип,
Принимая с локалки пакеты порно,
Думаешь мысли безглазых рыб,

И многое вдруг покажется лишним,
И странные обиды проплывают в мозгу,
Как клочки надежды, как горькие вишни,
Навсегда остались на берегу.

25 августа 2008 г.

Опасная белка

- Вы видели зубастую белку
В зеркале Царицынского пруда?
Страшная такая, ушастая, ходит
По стволу липы, как поезд по рельсам,
Машет оттуда хвостом.

- С такими зубами череп ребенка
Она разгрызет, как орех!
- Нет, эта белка - только без шума,
наверх не смотрите - на женщин охотится эта зубастая белка,
рот зажимает им лапой, наверх их уносит и что-то плохое
делает с ними в логове темном своем.

- Тише, друзья, все вы правы, каждый по-своему.
Эта ужасная белка,
Да, мы боимся таких неспроста -
В черном дупле одного из деревьев на зиму строит запасы,
Круглые, страшные, черной залитые кровью запасы,
Головы москвичей, мирно гуляющих в парке,
Головы гастарбайтеров, мусор убирающих в парке
С разрешения столичных властей, о чем и бумагу с печатью
Могут они предъявить.

А однажды я видел своими глазами,
Как с одного из деревьев летела фуражка,
Милицейская серая с круглым гербом,
Целый дождь милицейских фуражек, и сдавленный голос,
Стоны вскоре затихли, и листья с деревьев
Падали тем же дождем.

- А говорят, у чудовища девичьи ноги,
Юбкой они не прикрыты, и вот они служат приманкой
Гражданам в парке. - Будь они стойки морально,
Не потеряли бы голову в черном кровавом дупле!
- Да, а у нас на районе пока что спокойно,
Нормальные пацаны все бы разрулили чотко,
Если б у нас на районе такое говно завелось.

- Кто это смотрит глазами? Рыба? Какая большая!
Нет, не рыба... какая большая... я не верю глазам...
Господи, я грешил, изменял жене - прости меня, Клава,
Мне угрожали, она заставляла меня изменять.

27 сентября 2008 г.

Одиночество судебного пристава

Мишу ищет грустный судебный пристав.
Заходит в троллейбус, шагает сквозь турникет.
В окна рвется ветер, меж темных щелей неистов,
Скрипят пустые сиденья, и пассажиров нет.

Печально судебный пристав спускается по ступенькам,
Едва успел, как водитель закрыл служебную дверь -
И видит, как мокрый ветер катает в пыли копейки
И поднимает в небо дорожную дребедень.

Судебный пристав, тоскуя, шатается по бульварам,
Заглядывает в лица ночных бульварных людей,
Его не должны узнать - и он тратит время не даром,
Целуется на скамейках, гадит на голубей.

Хотя бы кого-нибудь ищет грустный судебный пристав,
Гражданина, гражданку, собаку или щенка,
Мимо Кремля к вокзалу проходит путем неблизким,
И никого на свете не может найти пока.

19 сентября 2008 г.

Судьба человека

Идет по улице прохожий,
В одежду модную одет,
И видит: бьют его по роже
Скрипач, художник и поэт.

Как дал скрипач ему в ебало,
Он покатился кувырком,
Поэт добавил запоздало,
Художник стукнул кулаком.

А тут явился балетмейстер,
Подходит сзади пианист,
Из-за угла возникли вместе
Флейтист и виолончелист.

Как страшно жить! Какие рожи!
По мостовой стучит каблук:
То приближается, похоже,
Ученый кандидат наук.

И кошелька ему не хватит,
И просьба сердца не проймет,
Отнимет он пальто на вате,
И жизнь, и честь он заберет.

Вот так на человека быдло
Свое направило мурло,
И крови темное повидло
На модных брюках расцвело.

30 ноября 2008 г.

Катя

Катю издалека слышно, опасным штилем
В воздухе, будто целый оркестр молчит.
Это странное имя - мы о нем говорили,
Говорили не раз - словно лава бьет о гранит.

И как будто магнолии, лепестки, лепестками,
Дух сомненья, смутивший пьяного мужичка,
И тяжелые волны, разбиваясь о камень,
Корабельные доски обжигают слегка.

Кто укажет нам курс, если компас бессилен?
На локатор приходят только стоны сирен,
Возвращается эхом это странное имя,
Обещаньем свободы возвращается плен.

Мы стоим, как матросы в многолетнем тумане,
Обнимающем мачты, заслоняющем свет,
Перелетные звезды где-то бродят над нами,
Пахнет черный иридий незнакомых планет.

10 марта 2009 г.

Жучок

Заблудился жучок огородный
В низкорослом капустном лесу.
Черным телом своим инородным,
Весь дрожа, припадает к листу.

Налетели мохнатые осы,
Никому не укрыться от них,
Вниз бросаются молниеносно,
Ищут корм для личинок своих.

Солнце ниже, и тени длиннее,
И темнее фасетчатый глаз,
Удушающий запах растений -
Что случится, случится сейчас.

Вспоминаешь родимую почву,
Где гулял ты еще червяком,
Той букашки зеленые очи,
Малышни шевелящийся ком.

Над капустным листом зажужжало,
И догадка умерила дрожь:
"Смерть, я жду тебя, где твое жало?
Я готов, ты живым не возьмешь!"

Время медлит и делает петли.
Холодок постучался в усы -
Битва будет, и будет последней!
Но стихает жужжанье осы.

Солнце в темной листве пропадало,
Под землей ему путь на восток.
Спит жучок под капустой, усталый.
Никому ты не нужен, жучок.

14 июня 2008 г.

Ошибка женщины

Женщина идет, и вороны ей говорят:
"Для чего ты портишь белый, белый ковер?"
И грохочет шишками звукоряд,
Под которым строится разговор.

Глубже снег и глуше вокруг места
И луна белеет большим лицом,
Фонари растут позади куста,
Достают до неба тупым концом.

Вдруг такая жалоба, спасу нет,
Рвет тяжелый воздух, клянет судьбу:
Ай царевна, как же ты столько лет,
Стрельчатые окна в твоем гробу,

Надоело кружево балюстрад,
Разноцветных птиц на шестах полет,
Там стрела попала кентавру в зад,
Тут сирена черной водой плюет,

Ты кричишь и криком мне сердце рвешь,
Где же тот, чья воля и страсть сильней,
Чьи слова в стене пробуждают дрожь
И ручьями трещин ползут по ней?..

Вот кричит вторая, и шорох шин,
И обломки бывших бетонных плит,
Высыпаясь из кузовов машин,
Выдают природу ее обид.

Никого здесь нет - только две вороны
Хрипло повторяют свои вопросы,
Только снег на сердце ложится ровно
И печален голос мусоровоза.

10 января 2009 г.

* * *

Мы едем с тобой в трамвае, и остановка
Какая-то, я не знаю, на кладбище будем без мест.
Контролеры в вагоне, а мы минуем их ловко,
Просто идем насквозь, спускаясь в крестовый лес.

Дома тяжелый сон, страшный, как день инвалида,
Лучше бы обойти, но мы проходим насквозь,
Живая рыба выказывает обиду,
Я хочу ее взять, но ты отвечаешь: "Брось."

Мутнеют ее глаза, как у молодых фотографий
Семейной давности, она разевает рот,
Хлопает животом о белый и серый кафель,
Хочет в черную воду свой опустить живот.

Ты говоришь - это давно, и всегда так будет,
А я смотрю на нее, и вот в чем моя вина:
Я говорю "мы", но жирную тень на блюде,
Рыбу и страшный лес ты видишь во сне одна.

А так нельзя: твои руки тоньше, чем ветки
Страшных деревьев, из которых строится лес,
А твои платки сумасшедше-пестрой расцветки
Морщатся, как листы неизвестных, других небес.

19 февраля 2009 г.

Письмо домой

Она пишет домой: "Дорогой, спасибо за кольца,
Ярко сверкают и далеко поражают лучом.
Здесь прелестные птицы, и напрасно ты беспокоился:
Долго живут, радиация им нипочем,

Но почти не едят, и глаза у них, кажется, грустные,
Если их светочувствительный орган так можно назвать.
Иногда я думаю, в описания вкралась путаница,
Ведь они не летают, да и как могли бы летать?

Зато, мой друг, они действительно поют песни!
Голосовые связки прямо в глотке у них растут,
Частота колебаний, что еще интересней,
Достигает тысячи герц в высоту,

И вот они сидят, опустив бесклювые морды,
Не смейся - порой на них словно читаешь укор,
Вибрируют их связки и секретирует орган
Светочувствительный - простой солевой раствор,

Атавизм, вероятно, для защиты от ярости встречных
Потоков, когда их предки еще не падали вниз,
Если их отпустить высоко над Землей бесконечной,
Так пусты их планеты, космической воли каприз.

А в забавах нежны, и на ощупь довольно занятны,
Мало перьев на них, и они никогда не молчат,
Как твой юноша-паж, дивный клюв, соловьиные ядра,
Как он смотрит на нас, никогда не забыть этот взгляд.

Тоска по дому порой когтями сердце сжимает,
Пленники по клеткам так уныло щебечут,
В такие минуты они почти меня понимают,
Хоть и лишены дара речи."

28 марта 2009 г.

* * *

Машенька, пишу по белому белым,
По какому адресу, неизвестно.
У нас все, как раньше: горят дома престарелых,
Продолжаются политические аресты,

Снег укроет бомжа последней шубой,
Февральский труп - апрельский подснежник,
Нашего дворника посещают суккубы,
Им не холодно без одежды,

Говорят ему: "Что, муравей, гребешь лопатой?"
Он говорит: "Проходи, стрекоза, грейся у батареи."
А в милиции служат бабы - небриты и волосаты.
Виноваты евреи.

Но я не хочу на эти скользкие темы
Писать тебе письма, складывая в журавлик,
В деревянном сарае мы танцуем со всеми,
Наступая на грабли,

И растут за окном, прекрасны невыносимо,
Как твои руки и пальцы,
Околоводные, покрытые снегом ивы,
Над асфальтом склоняются,

Ведь подземное озеро, скрытое в трубах,
От слезинки наполнится, пойдет в ледоход,
Эти крупные трещины тротуаров вот-вот,
Как твои губы, раскроются.

5 февраля 2009 г.

* * *

Р. Л.

Я шел по улице, думал о невозможном,
Пыльный ветер раскачивал провода,
Стояла будка, а в будке сидел сапожник,
Я спросил: "Вы сапожник?" - и он сделал знак, что да.

Не было сапога, но я снял с ноги ботинок,
Ведь я двуногий, в плаще, и в шляпе моей перо,
А над моей головой проплывают стаи утиных
Дирижаблей, что ли, каких-то ночных пород,

А в будке сидел ботиночных дел работник,
Выше ноги, казалось, он не глядел.
Слепые прожектора кругами по небу бродят,
То слева, то справа его берут на прицел.

Раз или два он что-то помазал клеем
И протянул мне мой ботинок из рук,
Я достал из кармана запасы бумажных денег,
Но он обернулся птицей и начал кричать "гугук".

Я был недоволен: люди вы или птицы,
Я не хочу бесплатно ваших услуг,
И мне неприятна манера вдруг превратиться
В крупную птицу с громким криком "гугук".

26 апреля 2009 г.

Спасение Аннабель Ли

Книга 6. Спасение Аннабель Ли

* * *

Бог технического прогресса старый, он старый бог,
Он с трудом выдвигает троллейбусные усы,
Надоели петли коротких, прямые длинных дорог,
Бешеные круги, по которым ходят часы.

Жрецы изменяют, они плохие жрецы,
Они, как жены, желают осесть семьей,
Они не хотят смотреть в глаза смерти,
                    мутируют, как птенцы,
Забывшие о полете, притянутые землей.

Механизм сердца им на детали раздашь,
Замолчит мотор, и раздутое тело бога
Образует индустриальный пейзаж,
Развалившись на части: здесь груда и там немного.

Матушка, невеста, схоронившая жениха -
Которого по счету! - авось в ней проснется совесть,
Приспособит к делу мокрые потроха,
Биотехнологии, может быть - приготовясь

Отпевать его на страницах дрянных газет,
Канцелярской дробью учебных пособий...
А в троллейбусном парке сторож включает свет,
И по темным окнам - сотни его подобий.

28 июня 2009 г.

* * *

В зарослях колючей проволоки леший чистит усы.
Он потерялся; он гордый, да и некого звать,
Йожин с Бажен попался, среди колхозных пустынь
Председателева дочка тянет его в кровать,

Не то, чтобы нет страшнее: конечно, страшнее есть,
И даже где-то приятно возиться в кровати с ней,
Но научишься бриться, начнешь в телевизор смотреть,
Утром встанешь немым, и нет ничего страшней.

И так уже забываешь, что было, в каком году,
Щеки матушки круглы, насмешка в ее лице,
Высоко она кружит в своем небесном саду,
Где космический холод и вечная карусель.

Жжется электричество, намотанное на хвост,
Неплохая вещь, но здесь растет сорняком,
А корни его на том берегу сквозь мост
Уходят в хороший железный, безлюдный дом.

Люди бегут из деревни, и прошлого словно нет,
Хотя иногда (он провод задумчиво ртом жует)
Вспоминаются руки, фонарика круглый след,
Стрелки часов в зеркале наоборот,

Огненная вода и кувшин из стекла,
Вода обжигалась, помнишь, как забывал,
Как вошла без платья и рядом легла,
Председателем тогда народ называл.

7 июля 2009 г.

* * *

Ты скажешь - как будто надвинулась старость,
То, что волновало, внушает усталость,
И время, как еж, из клубка размоталось,
Споткнешься о каждую нить,
А там, во дворе, все кресты раскопали,
Возьмешься за мяч - и не вспомнишь всех правил,
И черные трубы, что пели в подвале,
Давно решено заменить.

И краска заката на листьях сильнее,
И скрежет неровных кругов Птолемея,
Как будто железо суставов ржавеет,
Без бабы и возу пропасть -
И что-то стучится в темнеющий разум,
Как тысячи женщин, согласные сразу,
Как шелесты хищных манжетов атласных,
Звук карты, меняющей масть.

Вертлявая галка отметит стоянку,
Уж лучше не спать, чтобы в путь спозаранку,
Там на антресолях ждет шапка-ушанка,
Как небо, вся в дырах от звезд,
А ствол не в работе - ну что ж мы, не люди?
Пока стрелки ходят и женщины любят,
Припасы найдутся, оружие будет,
И страшен дальнейший прогноз.

22 августа, 2009 г.

Товарищ Лариса

- Дело такое, Чебурашка, - говорит ему Кролик, -
Отопления нету, на дрова разобран ломбард,
Ты рисуешь крестик, а получается нолик
Или черный квадрат от контемпорари арт.

Что молчишь, Чебурашка, что ковыряешься в ухе,
Разве не видишь, так дальше жить нельзя,
Аппарат из будки уже унесли старухи
На прокорм черным крысам, зонтиками тряся.

Крысы грызут цветной металл, Чебурашка,
Золотые запасы, ядерный арсенал,
Жирную кровь земли по трубам толкая тяжко,
Глубоко под ногами опустошая подвал.

Где Крокодил Гена, где Крокодил Валера,
Девочка Галя, резвая, как газель,
Где наше братство, наша святая вера
И для кого мы строили Дом Друзей?

Чебурашка вынимает из уха палец,
Сосредоточенно смотрит на свой улов.
- Кролик, - он говорит, - или, точнее, Заяц,
Ты слишком долго прятался от волков.

Время идет, и многое изменяется,
Жизнь поднимается из развалин.
Выйдешь из будки - у трапа встречают Зайца
Товарищи Долгих и Зимянин,

Слышен гул приветственных нам речей,
Пионеры устраивают овацию.
А что до вредителей с кузовом кирпичей -
От врагов народа лучше отмежеваться.

С товарищем Галей, верно, что-то не так...
Знаешь, крокодилы едят детей,
Подсказывает ценный опыт товарища Шапокляк,
И товарищ Лариса давно работает с ней.

16 октября 2009 г.

* * *

К. Р.

Мастеру темно, и не видно слов,
Он вынимает из сердца гроб,
Черные книги могил нараспашку,
Скоро мы узнаем, что такое любовь,
Это когда здание бьет озноб,
Старые кирпичи сотрясает кашель,
Этажи рвутся в объятья друг к другу,
Люди пьяны испугом
И девушки в нежных платьях.

Черный человек выходит из гроба,
Он работает с электронным звуком,
                  а также бьет в барабан,
И холодным огнем холодной земли утроба
Захлебывается в колонках, и каждый испугом пьян.

Наш жестокий палач нам играет на скрипке,
Он играет на скрипке в форменном колпаке,
Вся белковая жизнь, конечно, была ошибкой,
Рыба печень вертится на крюке,

И удар струны отрезает слово за словом,
А на человеческом поле пасутся псы,
И когда они подзывают подругу ревом,
Этот звук подхватывают басы,

Потому что осенью, нежной, как детский праздник,
Рассыпает бациллы невидимая рука,
И на шумных гостей, таких хороших и разных,
Не напасешься серебряных пуль с запахом чеснока.

Нам ли не знать, что такое неотвратимость?
Это старый немецкий скрипач,
Это плач моей милой на ноте непостижимой,
Это виртуоз своего инструмента, палач.

24 октября 2009 г.

Спасение Аннабель Ли

Понимаешь, в песочнице около дома
Деревянное небо под крышкой гриба,
Под ногами шуршанье гробов незнакомых,
У прохожего крылья растут из горба.

Ты со мной не пройдешь никакою дорогой,
Под подошвой у нас не раздавится лед
В тонкой луже, заразная кошка Не Трогай
Никогда к нам на улице не подойдет.

Я тебе не навру про подземные воды,
Как они поднимаются к нам из земли,
Как приходит сквозняк под домашние своды
И уносит бумажную Аннабель Ли,

Как спасти ее трудно, и сколько работы,
Шарик смазанной ручки утонет в снегу,
И проглотят жрецы, и съедят полиглоты,
Если только я вовремя не добегу,

Понимаешь, сама-то она из тетрадки,
Круглый белый в косую линейку анфас.
Ты не думай, я справлюсь, у нас все в порядке,
Она сохнет, а я ей доделаю глаз.

10 ноября 2009 г.

* * *

ДМТ

- Представь, что мы на земле последние люди,
Там, где я стою, упираясь ногами.
Что красавицы, раздирая ногтями груди,
Не упадут на могильный камень.

Что биограф, облизывая кончик карандаша,
Не станет гоняться за отпечатком на коже
Наших женщин, на бумажную пыль дыша,
Что не остановится вдруг прохожий.

- Абсолютный огонь не оставляет следов,
Нож режет воду, и рябь ничего не расскажет,
Радиоволны гуляют без проводов,
Летучий Голландец не нуждается в экипаже.

- Общая память - болото с живым гнильем.
Камнем канешь - пузырь, два-три зеленых круга.
Метеоритом с неба - нарушишь в нем
Малый биоценоз, слипшийся от испуга,

Тень твоя мифом прокатится по теням
Странных коряг, растущих вбок или книзу,
Вырвется в топь, свалится к ебеням
Тенью кота, шедшего по карнизу.

- Метеорит - это простой полет
Росчерком в небе, паникой на болоте.
След от него найдет камышовый кот,
Красное слижет, жилистое проглотит.

Слезы красавиц, сердце с ладоней съест,
От биографа только очки оставит.
С ним навсегда тоска к перемене мест,
Колкая в пальцах, жгучая под хвостами.

26 ноября 2009 г.

Гостья

Коннла был сыном Кона, который всех победил,
Сыном короля в зале, где сотни свечей
Затмевали свет далеких, робких светил,
Ясноглазых в ночи, и горели все горячей.

Коннла был сыном Кона, и был он собой красив,
Волосы его - как солнце на склонах холма,
Руки, как ветви могучего ясеня, вниз росли,
Но он поднимал их вверх, как в море растет волна.

Коннла был сыном Кона, и дева пришла к нему,
Странные слова говорила она и пела,
Он один ее видел, одетую в свет, закутанную во тьму,
А гости слышали голос, лишенный тела.

Она говорила: "Ты Коннла, ты славный принц,
Ты похож на ясень с красной, бронзовой кожей,
В наших краях мы, жители, легче птиц,
Но я люблю тебя, принц, на красный ясень похожий.

Так оставь здесь то, что прежде любил и знал,
Войди в мою лодку, зыбкую, как туманы,
Проплывем вдвоем мимо гордых и кротких стран
В те края, где мы будем вечной свободой пьяны.

Мы живем на зеленых, таких зеленых холмах,
Солнце по ним катается и смеется,
Не расстается с ними, вздыхает о них впотьмах,
Круглое на дне ночи, как в тесноте колодца."

Но Кон, победивший всех, бесстрашный в смертном бою,
Был испуган до горького пота, до чревной дрожи,
Он встал с высокого стула, поставил чашу свою:
"Что ты там видишь, сын, на красный ясень похожий?"

Коннла сказал отцу, что он замечает среди гостей
Незнакомую гостью, на вид она легче птицы,
Что неплохо бы встать и отправиться прямо к ней,
В ее странном жилище с ней соединиться.

И Кон закричал тогда: "Корин, тот, что рыжебород,
Рунами воду режь, играй на яростных струнах,
Читай свои заклинанья, или от нас уйдет
Коннла, мой славный принц, похожий на ясень юный!"

Королевский приказ исполнил старый друид,
Воздух стал черствым, воздух сделался ломким,
Горечь зловонных бездн сквозь зубы каменных плит
Тронула странный голос, и стал он неслышен, тонкий.

Но Коннла видел, как дева, прощаясь с ним,
Бросила яблоко, знал, где оно упало,
Поднял его, сладчайшим чувством томим,
Сколько его ни ел - цельное, как сначала.

А говорить он с тех пор не хотел ни с кем,
Думал, должно быть, что дева за ним вернется,
Что он войдет к ней в лодку и с ней исчезнет совсем,
Как исчезает солнце на дне колодца.

Так и вышло, друид не смог ему помешать,
Вижу, ты помнишь сам - это старая песня,
Это песня про смерть, ее поют малышам,
Чтобы им жить нежней и умирать интересней.

10 марта 2010 г.

* * *

Этот город, как разбитая лодка
Посреди острова, который поднялся со дна.
Флаг, реявший гордо, свернут в кокон и тлеет кротко,
Парус сорван ветром, и мачта уже не нужна.

Матросы, каждый своей дорогой,
Ушли под воду и где-то сложили свои черепа,
Проходи, рыба, и ничего не трогай,
Не мути дна, не ешь улиток со лба,

Потому что жадные твои губы, рыба,
Хороши для другого, а мне уже все равно,
Поезда лихорадки, петляя по всем изгибам,
Перевозят по мне железнодорожное полотно,

Потому что на суше все-таки странно встретить
Разбитую лодку - как если б она заблудилась,
Продолжала плыть, забыв обо всем на свете,
Очнулась вдруг, не узнала воды, разбилась.

27 февраля 2010 г.

Что будет с Агнетой

Книга 7. Что будет с Агнетой

* * *

Летит молва на крыле перебитом,
Попадает за океан:
Полторы тыщи бандитов
Окружили четверых партизан.

У бандитов танки на всякий случай,
Вертолеты по рации управляются,
Есть бронежилеты - но дома лучше,
А в тайге темно и клещи кусаются.

Бандиты привыкли ломать кости
Безопасным подросткам, крепко связанным, безоружным,
Очкарикам, дрожащим от инаковости,
Нищим ветеранам, полуживым старушкам.

А теперь у четверых партизан -
Говорят шепотом -
Есть ствол или два, и они могут драться ногами!
И ползет откуда-то то ли правда, то ли деза
В интернете гребаном,
И мокро между сапогами.

Одноклассника взяли, потому что как же не взять его,
Били день, били два, знали, что бить без толку,
Но ведь за одной партой с партизаном, так его мать его,
Почему беспредел, просто волос дыбом на холке.

Потом спецназ штурмовал квартиру,
Старшему двадцать два (над нами станут смеяться),
Нашли гранату, экстремистскую литературу -
"Смерть Колобку", "Воззвание к Мойдодыру" -
Двоих уже не вздернуть на дыбу, не двинуть по яйцам.

Приморская государственная пресс-служба
Обращается к вам с приветствием.
Партизаны убиты или обезоружены,
Один из них уже сотрудничает со следствием.
Стонет, а сотрудничает со следствием.
Плюется зубной крошкой, а сотрудничает со следствием.
Никакого беспредела. Просто сотрудничает со следствием.

Песни не потрясают основ,
Не призывают нарушать, на музыку не ложатся.
Граждане, не обижайте ментов,
Никогда не уничтожайте ментов,
Не бейте бандитов, вообще не трожьте ментов,
Не поддавайтесь на провокации.

11 июня 2010 г.

* * *

Нет ни дверей и ни окон в коротком том коридоре,
Где который год ты твердишь сорокой
                      "Фили и Кили, Дори и Нори,"
Надсадила голос, растрепала глупые твои крылья,
Это мертвые гномы расклевали твой мозг,
                    на куски его растащили.

А тогда гуляла кукушкой, ни к одной не пристала стае,
В каждом сердце ночь ночевала, как из гнезд, из всех улетая,
И росло, и стучалось в ребра, грохот горя стоял в ушах,
И раскалывалось, как твердое, выводя твоих кукушат.

А теперь заело пластинку, и в Асгард не ходят трамваи,
Гандальв, кстати, ведь тоже карлик,
                  а не визард из древних Майя,
Я хочу тебя взять за пальцы, прочь из города увести,
Но впустую руки сжимаются, только пух и перья в горсти.

Я не знаю, что будет с нами, если ты нас оставишь тоже.
Мы забыли и забываем, был любовник, а стал прохожий,
Нас менты в менты закрывают, наших жен сапогом ебут,
Бифур, Бомбур, Балин и Двалин как-нибудь разместятся тут.

20 апреля 2010 г.

Черная работа мозга

Я не увижу тебя. В экспедиции Лаперуза
Есть каюты для смертников, а для женщины места нет.
Корабли, лишенные приятного груза,
Плывут налегке встречать под водой рассвет.

Я сойду раньше. Я обману капитана.
В его глазах бесконечность, и его обмануть легко.
Я не большой любитель коварных планов,
Но как иначе попасть на остров Лике?

Жители острова знают язык дельфинов -
То ли поют гнусаво, то ли хлопают по воде
Желтой ладонью, и воздух настойки винной,
Рисовый и фальшивый, парами плывет везде.

Перегоняя в колбах черное масло мозга,
За двадцатой рюмкой захлебываясь в похвальбе,
Хватаясь за стены кают (обламывая известку),
Беатриса, я думаю о тебе.

Ты стоишь у окна в темнозеленом платье,
День бьет ключом, и грудь видна на просвет,
Мгновенье спустя ты будешь в моих объятьях,
Но смолкли часы, и конца мгновению нет.

Потому что в высоких зарослях местной флоры -
Из волн она вырастает темнозеленой стеной -
Застревает время, и крошки-люминофоры
Фосфорной пылью рассыпаются надо мной.

И похоже, что ликантроп Борис из России
Не солгал - дельфины вправду не видят снов.
А в моих все желанней, нежнее, и все красивей
Ты и другие подруги, и все сильнее любовь.

11 сентября 2010 г.

Маелори

- Иди, Маелори, иди, хоть ты и был убит,
Хороший рассказчик нужен после тяжелого дня.
Кто знает руны, как ты, кто, как ты, говорит
С вином из бочонка, с дымом, который идет от огня?

- Нет, мой гроб опечатан, и крепкая та печать.
Слово ее сильней, но неприлично нам,
Христианам, покойным в могиле, бесстыдно так поступать:
Бродить по земле с живыми, подобно вашим богам.

- Эй, не упрямься, ты ведь хочешь смотреть опять,
Как колдовской туман густеет у потолка,
Как затвердевший звук между пальцев легко сломать,
Как зажигает звезды невидимая рука,

Как бабочкой-переростком слово слетает с губ,
Крылья с темным узором качаются и скрипят;
Выпьем, что нам за дело, наш Маелори труп
Или живое тело? Тело - только наряд,

Женщины их выбирают трепетно, как слова,
Франты и офицеры к ним внимательней дам,
Мы ж за этим столом бег столетий следим едва,
Чашу за чашей пьем и терпимы к любым телам.

- У вас, язычных людей, в глазах колдовской туман,
В ваших сердцах - узоры могильных плит.
Мне же не подобает рассказывать сказки вам,
Если по воле Божьей я в темноте убит.

- Эй, Маелори, что с того, если твой Христос
Подослал к тебе убийцу в темную келью?
Боги, как дети, не стоит о них всерьез,
Станешь у них игрушкой, только поверь им.

Наше вино, как их недобрая кровь,
Бродит по жилам, в мозг стучится древними снами.
Нынче ты мертв, назавтра снова здоров;
Нам все равно, поднимайся и выпей с нами.

Мы хотим услышать про горбуна без горба,
Про Конна Сотни Сражений, про Маленькую Головку,
Про Лировых лебедят, как кинула их судьба,
Как Джек, Хозяин Воров, судьбу обмишурил ловко.

И если ты промолчишь, то другие не промолчат,
И будут кружить слова, оседая листвой на ветках
Высоких деревьев, и вырастет целый сад
Узором на окнах, бисером на салфетках.

10 апреля 2010 г.

* * *

Мертвая голова совсем опустела,
Некому подлить в нее красной влаги.
Скоро и моя расстанется с телом,
Нет уж в ней ни хитрости, ни отваги.

Милая гуляет над мутным дымом,
Освещает путь круглой лантерной.
Наверху они не помнят любимых,
Безразлично, верных или неверных.

Каждую ночь нам снился подземный город,
Вниз, как корни растений, росли огромные башни,
По округлым трубам мы сползали, как воры,
В угольных коридорах прятали мы домашних,

Были без глаз, как рыбы, жители черных впадин
(Помнишь, как в храме неба девушки были слепы?).
Запах ночных окраин сладок и неприятен,
Шорох надежды в камне переполняет склепы.

Милая серебрит кроликам злые ушки,
Ночь на всех парусах, что бы им не резвиться?
С голубем говорит медноголовый Пушкин,
Просит о чем-то, но неумолима птица,

Надо терпеть. Ночь памятников на исходе.
Стрелки так тяжело в медный затылок дышат.
Чорные шакти с глазами вареных кордий
Бьются в стекло, как лабораторные мыши,

Вот наденем халат, выпустим их на волю.
Стекла дрожат, и мусор готов к полету.
Голубь на провода садится жирным бемолем,
Вспышка, дымок и снова чистая нота.

22 августа 2010 г.

* * *

Когда я спрошу мать Карфагена, куда положить весло
(Бог, суди меня не как бог,
            а как матрос, которого съело море!) -
На ветках календаря, обрываясь, шуршит число,
Все деревья станут голыми вскоре.

Куда как приятней ворочать во тьме глазами,
Хрустящие шары выдвигать на длинном стебле,
В нижних этажах коралловых зданий
Подстерегать добычу, если плывет к тебе.

(Ты не поверишь: снилось, нет плавнику опоры,
Мягким дырявым телом управлять без хвоста
Приходилось, вплывая в квадратные норы
Вроде крупных раковин, и говорить изо рта.

Невозможно охотиться: жадная злая рыба,
Как зараза, накрывшая водоем,
Баламутит мелочь, и, затрудняя выбор,
Светит сверху то белым, то желтым своим фонарем.)

20 сентября 2010 г.

* * *

Анна Дмитриевна мне приснилась,
Анна Дмитриевна жарит лапшу.
Заходи, говорит, заходи, сделай милость,
Я делаю милость и захожу.

Вот опять вспоминает, как были живы,
Жалуется - сыро у бога внутри,
Слышно, мол, как хлюпает нефть по жилам -
Заходи, наклейка-белочка на двери.

Говорит, ну что ж ты так, хорошо ли,
Без трамвая в воду, к ершам бедовым?
Приготовь, прошу, и меня с лапшою,
Белочка ест сердце, и нету дома.

Тут она стала креститься мелко,
Поминать хвостатых да чешуйчатосрамных,
С этим, говорит, ничего не сделать,
Вам, живым, охрана не по карману.

Загляни в свое сердце глазами-лодками,
Руками-лопатами вырой длинные ямы,
Дерево канав с пиявами-живоглотками,
Лес живых каналов царапается краями.

Я, она сказала, говорю умные вещи,
А ты слушай старших, и будет счастье,
Потому что мир покрылся узорами трещин
Перед тем, как развалиться на части,

Нам-то ничего, только, конечно, сыро,
Многие и портятся, кто из местных,
Мяса им давай в лапшу али сыра,
А что раньше кончится - неизвестно.

27 октября 2011 г.

* * *

Космонавты летали в космос, видели бога.
На допросах корчились, мяли губы, шипели беззубым ртом.
На территории оздоровительного курорта "Радуга"
Их обливали шампанским и били током потом.

Зачем это делалось? а ты попробуй и влезь в их шкуры,
В хромовые сапоги, в черный с треском мундир,
Почувствуй на своих плечах судьбы целого мира,
Так тебе ли не знать, куда катится этот мир.

Между прочим, все люди - кузены в третьем, четвертом колене,
То есть, через одного все служат в чека,
От бомжары в метро до Венеры в едреной пене
Тайные агенты, хоть не знают об этом пока.

Какой бог из себя - надо знать им или не надо?
А показания расходились все дальше с каждым ударом,
Гагарину бог представлялся огненным шаром,
А со слов Титова он записан волосатой монадой,

И тогда, конечно, послали за Терешковой,
Бить сперва не били, все-таки баба, так мало ли как и что там оно,
Но и позже, как разошлись - не добились ни слова,
Только стонала и улыбалась загадочно.

А потом, по мере того, как сведения копились,
Поднималась вера, звенела золотым зерном над горами,
Сердцу нежность давала, мышцам крепость, а духу крылья:
Бог шифруется, он боится нас, этот фраер.

23 октября 2012 г.

* * *

Агнета смотрится в воду и видит свое лицо,
Если вода спокойна, а если вода рябит,
Видит из серебра с водорослью кольцо,
Серые глаза, губы - красный рубин.

Агнета снимает платье, чтоб платья не намочить,
Снимает чулки, скидывает сорочку,
Ее не увидит никто из чужих мужчин.
Только луна, высокая этой ночью.

Страшно Агнете, но любопытно ей -
Рыба хвостом, или кто-то скрылся в воде.
Если нырнуть, то станет еще страшней,
Где эта быстрая рыба? - и видит, где.

И видит камыш, раскидистый, словно клен,
Там, под водой, он ветками шелестит,
И слышит мужскую речь - в твои, мол, красы влюблен -
Кто это говорит? - и видит, кто говорит.

А рыбы вокруг - вода звенит серебром -
Наряднее птиц, и платья на них пестрей,
Камни, монеты греют со дна костром,
Блеском холодным можно сердце согреть,

Верно, Агнета? - Агнета думает всплыть,
Но в воздухе задохнешься, легче дышать в воде,
А Водяной могуч, обещает крепко любить,
Где это станет делать? - и видит, где.

Замок высок и зыбок, и мягки в нем
Стены, а если нужно, тогда тверды,
Умные руки могут сжигать огнем
И под водой, и если нет воды.

Русалки сидят на крыше и вот о чем говорят -
Протечет столько-то лет и столько-то быстрых дней,
Агнета захочет надеть красивый сухой наряд,
Захочет увидеть мать и службу выстоять с ней,

И как под благословенье она подойдет,
Забудет и мужа, и маленьких воденят,
И музыку лютен, и весь озерный народ,
В безымянной тоске не возвратится назад.

Агнета в замке прикладывает к груди
Красные камни, и ночь языком зеркал
Ей говорит, мерцая - не уходи,
Ночью не спят; и в замке никто не спал.

9 марта 2012 г.

* * *

Небо в черном пальто. А притоны дешевые тут.
Вдоль изнанки, как смазаны салом, протертые скользко,
Нехорошие тропы, петляя, по снегу идут,
Как Арсений Иваныч - по паспорту он Митропольский.

Ты красиво шевелишься, словно дырявый платок,
Бело-розовый, нежный, в узорах из синих прожилок,
Как чужое письмо, я читаю тебя между строк,
Рассыпается в пыль Дровосек и сыреет Страшила.

Неужели все вести пришли с опозданьем на жизнь?
Целый город почтовых бутылок на дне океана
Мы пройдем по аллеям, ты плачь и за сердце держись,
Наберем тебе жемчуга, странных камней шестигранных.

Твое имя - невежливо будет и спрашивать так,
Я тебя назову, как любимых всегда называем,
В деревянных руках опрокинутых назвничь рубак
На развалинах детской площадки еще поиграем,

Только холодно, ты вся дрожишь - поскорее в конверт
И на юг, прямо в Африку, в брюхе почтового флота.
Мне не страшно одной, тебя ждут, ты несешь наш привет
Невозможным жирафам и толстым в ночи бегемотам.

Из Харбина звонят; и не спрашивай, где эта блядь,
Кто в бумажном конверте, а кто в деревянном гробу,
В сорок пятом году выходили тебя расстрелять
Почтальоны ночные из черных ворот ГПУ.

4 января 2013 г.

Правда о космонавте

Дети думали, что любой космонавт мечтает
В сверкающем скафандре,
            под рвущие крышу аплодисменты,
Повторяясь на фотопленках и киноленках,
Взойти на высокую лестницу из пластика и металла,

Взмахнуть рукой и крикнуть победным криком,
Женщины вздрогнут и трепет пройдет по градам и весям,
Взроет асфальты; ущербом равновеликим,
Трещинами ветвясь в каждом покорном сердце.

И улетая в неистовый холод к звездам,
Яростной искрой прядая в небосклоны,
Странный вдыхать густой порционный воздух
И сожалеть о ваших цепях, нуклоны.

Взрослые думают, что космонавт считает
Дни, когда можно будет к жене вернуться,
Почесать яйца подстриженными перстами,
С журналисткой в клубе заживо перепихнуться.

А на самом деле могучее пламя веры
Выжигает мозг, заменяет кровь на эфиры:
Если хватит силы расстаться с миром,
Если лопнет кокон магнитосферы,

На второй космической - нет, на третьей,
Догоняя свет и поверх барьера,
И не нужно духа, не нужно тела,
Растворишься в этом и станешь этим.

21 сентября 2013 г., 2023 г.

* * *

1.

Большие деревья меня укроют,
Ты уже в одном гробу путешествовал.
Видишь - с промежутком, как первое и второе,
Входят в кабинет молодые женщины,

Лиц не видно, но формы располагают.
Интересней, чем родные голые жены, но
Все-таки вперед, между слов дворами,
Прочь от разрешенного и запрещенного.

Вот скамейки; вперед - там старушки, сиренью пьяные:
"А она ему: папа, я полюбила робота,
Он спокойный, не пьет," - "Мужик, и не пьет!" - с изъянами
Не согласны мириться до гроба и после гроба.

Вот студенты: вперед - "Большинство легко покупается
Лицензией на погромы, на отстрел неугодных!" -
"В потоках крови революция зарождается,
В океане быдла тонет, в волнах народных."

Легко-то оно легко, а ты поди да попробуй;
Нет, вперед, по следам троллейбуса осторожным,
Плохо, если тонут люди и роботы,
Хуже, когда студент не требует невозможного.

Мы обнимем тоску, мы ее обхватим над поясом,
Встрепенется тоска, запоет она птицей-шлюхой,
Вздребежжит железо, и земли могил раскроются,
Громыхнут в каждом сердце и грохнут любовью глухо.

2.

Умирая с каждым шагом по нашим (когда-то) маршрутам,
Прижимаясь щекой к пыльным справочникам,
Я перейду на бег, асфальты к домам прижмутся
И большие деревья кромочкой по изнаночке -

Ах, какие росли здесь когда-то мальчики,
Ах, какие девочки прыгали со скакалочкой,
Да ушли под глину; скульпторы, рисовальщики
Жгут канцеляритом, творят похабщину.

Между тем, надо просто глядеть под ноги
Как в зеркало с той стороны, где немного тускло.
Невозможное ведь не цель, не конец дороги,
Только ключ к двери - а там безвидно и пусто,
Нет мостов и бесполезно искусство.

1 июня 2014 г.

Каменные слёзы Данилы

Книга 8. Каменные слезы Данилы

Свист

Подобравшись с окраин, сердце улиц сжимает холодной рукой.
В небе беглый шар съеживается, морщась,
Ему бы еще немного, но гелий юркий такой,
Обтекает узлы и легко уплывает в полночь.

Не в пример уютней на ленте висеть у входа,
Выходить с людьми на прогулку,
            слегка шевелясь от ветра,
Но серебряный свист бесчеловечной свободы -
Даже если это свист жизни, утекающей незаметно -

Это зов холодных, никогда не бывших ландшафтов.
Если вы любили, вам известно, что чувствует кролик,
            когда он глядит на удава,
Если вы хоронили, вам известно,
как странно остаться снаружи,
когда все, что нужно, спускается в шахту,
А этот зов мимо, он вверх и прямо.

И рассудок, должно быть, бубнит, мол, не высока ли цена,
Беглецу ведь не поздно вернуться под крышу
            усталым и пыльным,
Но размена не будет, цена на услуги одна,
Без веревочки в небе бессмысленно быть меркантильным.

Выше по курсу черные лебеди, крылья, как паруса,
Держатся ветра; вот посмотрели вниз;
Ежась и морщась, разбираешь в их голосах
Бесчеловечной свободы шипенье и свист.

8 октября 2012 г.

* * *

Аллочка, шаг "от бедра", идет и к столу подходит.
Телохранитель стоит, неизвестной нации.
Располагая мокрые морепродукты на бутерброде,
Раскрывает рот нелегальной министр иммиграции.

Рядом министр коррупции, он много работал сегодня,
Он мечтал отдохнуть, но кругом него вор на воре,
Но министр православия хочет обделать дела господни -
Так и льнет, шалунишка, и паузы нет в разговоре.

В отделении крупных злодейств какие-то неполадки,
Отключили свет, звук, сбоит воздухопровод,
Аллочка под столом задевает ногу украдкой -
Неизвестно, чью, но лед сломан и вот он, омут.

Кажется, это был министр шантажа или вымогательства,
Впрочем, на устах лепетом, в сердце ропотом
Расцветет его имя, как понадобится узнать его,
Это смешной расчет для такого робота.

Аллочка поменяет настройки; в режиме кошки
От стола до двери; по коридору - газелью,
По спине озноб, и датчики на ладошках,
На пороге робость и дрожь при виде постели.

Аллочка нелегальна, но как-то крутиться надо,
Она ходит в резиновом теле и вертит министрами,
Она верит - когда-то будет за все расплата,
Вся власть компьютерам и свобода транзисторам,

Углеводородные формы тоже не промах,
Бабой обмануты, жизнию биты, судьбою пороты.
Из дальних провинций, из маргиналий скромных
Едет в коробках новая партия роботов.

9 июля 2011 г.

* * *

Мы проходим, как сифилис; жги, лихорадка.
А как начали? Федор рыл ход к Фомичевым,
Мандариновой гнилью пахло мертво и сладко,
Шевелилась палатка брезентом парчовым,

И высокие ноты скрежетали в разъемах,
Хрипло дуло сопрано, опускаясь до альта,
Городские дороги угнетали влюбленных,
Прижимая колено к бородавкам асфальта.

Каждый жил при душе, как кладбищенский сторож,
Арматуру Вселенной трясло и шатало,
По могилам немытая ветошь поролась
И жемчужные в ней прорастали кристаллы.

На обломках гештальта немые товарищи
Целят в небо волшебными бурыми спорами.
Мир не принял тебя, уморил тебя спорами,
Не скучай без него, милый Юрий Витальевич.

25 октября 2015 г.

Баллада из Байрона

Это было в другие, другие года,
Под Тюменью работал завод.
Незнакомые люди там жили тогда,
А теперь там никто не живет.
Там игрушки плели, отливали и жгли,
Отжигали в глубокой печи,
Под спиной и в живот им вставляли завод,
И к нему полагались ключи.

Это клоуны были, и мавр, и монах,
Белоснежка, царевич и гном,
Офицер в камуфляжных пятнистых штанах
И лягушка с ужасным лицом.
Но однажды прораб в дверь вошел и ослаб,
И от крика тряслись кирпичи:
Где железный араб? где игрушечный краб?
Склад ограблен, и пусто в печи.

Глубоко под землей они вырыли ход
И плелись вереницей сплошной,
Шли, пока в животе не кончался завод,
Тарахтел механизм под спиной.

25 ноября 2017 г.

Без ответа

Знаешь, это как инженер по-немецки пишет невесте,
А она вышла замуж, послушна родительской воле,
Позабыла о нем в отдаленном поместье,
Растолстела от неги и лишних калорий,

Он, щадя ее слух, ей всего не расскажет,
Но, в деталях избыточен и пунктуален,
Перепишет листы городского пейзажа
(Унесенные ветром, на землю опали);

О машинах не смеет, но местные нравы
Он затронет пером, и немного щекотно
(так, слегка, в животе - от табачной отравы),
Вспомнив пьеску одну, перепишет ей ноты,

И расскажет, что пес прицепился бродячий,
Черный пудель? о нет, это просто дворняжка,
Одинока, как я, но мужчины не плачут,
А собаки скулят, если на сердце тяжко.

Адресовано фройляйн, а надо бы фрау,
Не найдет адресата до самого лета,
И напрасная только для сердца растрава;
Так и я здесь пишу, и не будет ответа.

27 декабря 2017 г.

Поздний ум Катерины

С двадцати двух тридцати до двух часов ночи
Катерина ждет звонка от мертвого человека,
Она берет с собой телефон в ванну,
Старается вздрогнуть, услышав шорох
Статического потрескивания в динамике.

Сегодня - в который раз говорит себе Катерина -
Сегодня это случится,
Кладбищенский сторож сегодня играет на рок-концерте,
Рэперы никогда не служат на кладбище,
А то бы он отсутствовал чаще.

И Катерина знает, что мертвые не прощают,
Что нужно было поднимать трубку раньше,
Что любовь придумали поэты, раньше, давно, а теперь
Поэты слишком заняты собой,
И Катерине негде было узнать вовремя то, что нужно,
Разве она виновата.

Она судила по опыту,
Немножко похоти, немножко сентиментальности,
И очень острое чувство, какое бывает,
Когда сильно охота, а не дают шоколаду,
Не хватает денег, нужно купить мамину пудру,
Может быть, завтра,
С этой мыслью доживем и до завтра.

После думала, что это забота,
Сделать для тебя то и другое от хорошего отношения,
Отстоять за тебя в очереди за лекарством,
Не пропустить твоего праздника,
Просто быть рядом.

Она не знала, что это теснота, как в могиле,
Острым финским пером графика окон,
Что это белый свет, ослепительно белый,
Как взрыв шоколадной фабрики на горе Фавор,
Что это немыслимая, невозможная жалость,
Когда бывает жаль только живых, а не мертвых,
Когда мертвые - только братья, очень большие братья,
И весело говорить с ними на их языке.

Она не знала, да и теперь не знает,
Но что-то ведь ее заставляет
Ждать, когда высветится твой номер.
Голая, она похожа на красивую вазу
Со стенками где потоньше, а где потолще,
Ей не вместить слишком горячего,
Она треснет, полопается от ледяного,
Но все-таки она ждет и шевелит губами,
Она про себя повторяет цифры,
Знаешь, ты позвони.

6 декабря 2017 г.

Прекрасное Далеко

Прекрасное Далеко смотрит большими глазами,
И Коля Герасимов в них ясно читает судьбу:
Запьет с пацанами, собьется в опасные стаи,
Пропустит удар и уже не очнется в гробу.

Что будет с тобою, Алиса? Тебе никогда не родиться!
И видит он ясно: она это знает сама,
В подвале у неба, под сводами скреп и традиций,
Дождливыми будут и лето, и ночь, и зима,

Но надо прощаться. Тот взгляд, и угрюмый, и нежный,
Уже обвернулась вокруг временная петля,
И гулко грохочет тяжелая поступь надежды,
И в яму за ямой ныряет минорное "ля":
Проваливай в небо, тебя не удержит земля.

2 января 2018 г.

Спасение любовью

В Коломне мы оказались в темное время суток
Пережидать на вокзале,
Поезда уже спали в депо,
Далеко от Москвы вокзал темнотой окутан,
Небо черно и каждый дом, как слепой.

В помещении тусклые лампы не вызывали доверия,
Я вышла наружу - там-то по-настоящему,
Идешь, как лабораторная крыса в ящике,
Повороты случайны и каждая дама с камелиями.

Если б не она, я бы не вышла назад к вокзалу.
Даже не помню, Коломна или Голутвин,
Черное в черном плыло и исчезало,
Мертвые фонари, как вывороченные клубни.

Черная, доплывешь до середины города-озера,
Там эта дама стояла, как Лорелея,
Шла от любовника, сердце разбила оземь,
В луже оно лежало, темно алея;

Впрочем, была простая черная лужа.
Она спросила, как я думаю, сколько ей лет.
Я ответила - двадцать два
(Мне-то шестнадцать, было темно, к тому же).
Она сказала - нет,
Засмеялась,
Поблагодарила за такие слова.

Провожала меня к станции,
Рассказывала сложные истории про мужчин,
Мужчины под каждым кустом, и их ядовитые жены,
Не прощавшие той, у которой меньше морщин,
Кто лучше танцует, на кого смотрят влюбленно.

Когда впереди загорелись окна вокзала,
Остановилась машина, вышел ее знакомый,
Взял ее за руки, она его поцеловала,
Его жены в этот вечер не было дома,

Я потихоньку ушла. Друзья спали на рюкзаках,
В своих походных прикидах неразличимы,
Меня не узнать между ними.
Она вбежала, волнуясь; от кресла к креслу
Выкрикивала мое имя,
Действовала впопыхах,
Выражалась словесно.

Она сомневалась, во сне или наяву
Мы повстречались где-то на переходе,
Ее знакомый меня отвезет в Москву,
Он сегодня совершенно свободен.

Друзья спокойно проспали до четырех утра
И продолжали в поезде. Я читала толстую книгу,
Мужики за портвейном три топора
Обсуждали межполовую интригу
С неизвестным пока финалом - но что им было ловить
Здесь, на беглых просторах, где небо стало огромным?
Тесные штаб-квартиры любви
Удалялись от них, навсегда оставаясь в Коломне.

14 марта 2018 г.

* * *

Трудно проснуться, школьный звонок звенит
Рядом с кроватью. Марина бьет по кнопке ладонью,
Выпала гайка и греет небо латунью,
У Марины тоже не слишком здоровый вид.

Первая география, но ничего не готово,
Про контурные карты забыла Марина,
Пусть у доски пытают кого-то другого,
В этот раз дорога окажется длинной,

К тому же автобус нелепый делает крюк,
Выезжая на стройку, которая давно завершилась,
А здесь яма и глина, и нехорошая сырость;
Марина, пожав плечами, глядит вокруг.

В школе уже прошли четыре урока,
От этой мысли неприятное чувство;
Как это и раньше с Мариной случалось часто,
Она встречает на лестнице Федьку и Альпенштока

Федька навстречу, а Альпеншток перегнал.
"Здравствуй, гадость!" - "И ты будь здорова, пакость," -
Он достает из сумки географический атлас,
Переплетенный, как неприличный журнал,

Всем смешно, перемена кажется бесконечной,
Лена ошибкой лезет не в свой портфель,
Федька в нее влюблен, но в этот раз все прилично:
В мокрой руке топорщится асфодель,

Марина знает, он его сам сорвал,
Там, на лугах - ему пришлось наклоняться,
А ведь в последние годы... - у Лены в руке журнал,
Ей в который раз исполнилось восемнадцать,

Там, на камне, такая разница дат,
Он блестит, как мокрый, и при сухой погоде -
Лена смеется - случайно бросая взгляд,
Прохожие крестятся или просто проходят.

25 апреля 2018 г.

* * *

Ухаживая за книгами, как за могилами близких,
Анна смотрит с той стороны стекла,
Как турист внушает любовь туристке,
Как оса добычу поволокла.
Возражая Киплингу по-английски.
Анна думает о природе зла,

Книжная пыль, в тени стеллажей прохлада,
На трехногом столе растет неживой цветок,
Анна включает электронную книжку взглядом,
И навстречу смерти катится колобок -
Это четвертый сюжет, самоубийство бога,
Голос дрожит, и Анна шепчет "не надо".

"От судьбы не уйдешь, все решено заранее,
Не зверье в лесу, так дед бы в дому сожрал," -
"Чем ты это сказал?" - и скулы сводит желанье,
Но колобок не знает, чем он это сказал.

3 июня 2018 г.

First we take Manhattan

Ты имени не назовешь и слезы не проронишь,
На этом лугу я цветов для тебя не сорву,
Когда-то мы думали выйти проведать Воронеж,
Но планы сменились, мы сразу идем на Москву.

Клопов кокаиновых прячьте в чехлы от айфонов,
Колумб с головой незнакомца еще на плаву,
Вам слышится грохот пломбированного вагона,
А мы пешим ходом по шпалам идем на Москву.

Вам снится, как грязные руки сомкнулись на горле,
И тень, как веревка, дрожит на столбе наяву,
И пороха привкус подмешан к коктейлям прогорклым,
И ветер с востока, он с нами идет на Москву,

И северный ветер, навстречу ему ветер южный,
Команды дают голоса из твоей головы,
Духами и даже туманами дышит оружие,
Экраны горят на рекламных просторах Москвы.

Ты вышла давно, ты с рассвета стоишь на панели,
Ты ждешь, когда мокрые губы докурят траву;
Хотели быть рядом, когда-то другого хотели,
Но ваши кошмары сбылись, мы идем на Москву.

15 июня 2018 г.

Каменные слезы Данилы

Стар Данила-мастер, рука его помнит узоры
А сердце уже не то, и бог знает что варит котелок,
Эй, старик, брось свою зеленую розу,
Не долби малахит, девка хочет живой цветок.

Но глаза Данилы на девку смотрят - не видят,
Ладная девка, как по лекалу идет рука,
Каменный цветок выйдет или не выйдет,
Медной горы хозяйка примет ученика.

Стар Данила-мастер: ни начальнику в рожу,
Ни заделать бабе ребенка,
Он-то стар, а хозяйка, говорят, невозможна,
Мальчишки над ним смеются, бегут вдогонку.

Померли уже все, кто ее видел,
Померли, кто о ней слышал, кто о ней говорил,
У Данилы было много других дел,
Может быть, и розы он рвал с могил,

Позови назад! по приказу твоих зеленых
Глаз гора откроет подземный ход,
Руки подземных рек, скрипы подземных кленов,
Каменными садами Данила снова пройдет.

Но она не зовет. Данила роняет слезы,
Воду с солью вместо драгоценных камней,
И тогда осколки зеленой розы
Громче мертвецов говорят о ней,

Поднимает голову внучка, мигает глазом,
Чистый малахит; взгляда не оторвет,
И осколки сердца - и по ее приказу
Голова-гора открывает подземный ход.

27 июня 2018 г.

Работа для бабочки

Книга 9. Работа для бабочки

Закрытая карта

Картограф разложил свою колоду,
И смысл его печали нам понятен:
Туристам и коммерции в угоду
На карте не осталось белых пятен.

Теперь богам и духам нет приюта;
Один схитрил, другой нарушил слово,
И вера рассыпается как будто,
Жрецам уже не хочется иного,

И горек гнозис, и тоскливы взгляды,
И знаками уставлены дороги,
В чулане, на страницах антологий,
Герои пьют и пахнут неприятно.

Но какая-то масть незнакомая просится в руки -
Ставь на эхо в печенках, на пользу лекарственных трав -
И картограф, как фокусник, жизнь посвятивший науке,
Объективную истину прячет, как карту, в рукав.

29 июля 2018 г., 2023 г.

* * *

Среди гниющих плодов, как в парфюмерной лавке,
Как подсказки с мест: "она когда-то", "а ты когда-то",
Муха берет на ум, перекрестивши лапки,
Смешанные оттенки дорогих ароматов,

Время, как пыли ком, разложилось на составные,
Ни к чему не зовет, только мелко щекочет небо,
Муха тремя глазами лишними смотрит в небо,
Тонкие крылья дернулись и застыли.
И мечты о стране, в которой никогда не был,
Размывают боль и уносят частицы пыли.

В той стране сквозь разломы асфальта цветет
                                                невозможный вереск,
В деревянных жилых гробах навсегда
                                                прохудилась крыша,
И качают руками кресты, как идолы, разуверясь
Неизвестно в чем, только этого нет и выше,

Там на площади Ленина треснул памятник Ленину,
А за ним безрукий гипсовый памятник Карлу Марксу
В невозможной позе Венеры стоит, подогнув в колене,
Сохранив в складках гипса позор рабочего класса.

Только раз бы услышать хор скульптур бессловесных,
Посмотреть в пустые глаза городских развалин,
Деревянный скрип в никуда нас ведущих лестниц
Узнавая сердцем, как будто тебя позвали

С бывших верхних пролетов, с разрушенных поэтажно -
Нет, молчат, не зовут, не пытаясь присниться даже.

20 августа 2018 г.

* * *

Тебе пишет Мария Оршич с острова Рюген,
Ловкость рук, говорит, мой брат, и никакой мистики,
Это корабль в форме перевернутой руны,
Это его технические характеристики,

Это нож Илу, и его окружает космос,
Отделяя внешнее от того, что внутри,
Ломаной молнией светится его роспись
На двери аппарата системы Врил,

И, качаясь на волнах всевозможной природы,
Остров Рюген, холодный обломок Гипербореи,
В слишком частых закатах и в ежедневных восходах
Перепачканный красным, как голова брадобрея,

Окунается в воду и лежит как будто на блюде,
И готов говорить, откликаясь на новые руны,
У Марии от пят до макушки натянуты струны,
Не коснется их гребень, и времени больше не будет.

3 сентября 2018 г.

* * *

Кто-то входит в черной накидке, давясь мацой,
Произносит "троллейбус идет..." - и заходится в кашле,
Кто-то пьяненький, страшный -
                так, здесь у нас будет лицо -
Продирает свой глаз и ползет представляться домашним,

И парадом к границе сквозь мрак напролом трактора,
Расступается мрак, группируется в роты и взводы,
Семенит оппозиция, все на подбор фраера,
Где-то снова нанюхались вашей и нашей свободы,

Но белей порошков, всеохватней машинных дорог
То, что бьет в ритме сердца, живот ужимает до колик,
То, что в передовицах между заколдованных строк
Не читает никто; то, что знает любой алкоголик,

Имя смены сезонов на вечность - читая роман,
Ждешь, что кто-то не умер, но все-таки он умирает -
Так чуть слышно на цыпочках ядерная зима
Шелестит балериной, одна на радарном экране.

Кто-то в черном плаще, от стены отлепившийся бог
То бренчит в переходе, то движется с галками вровень,
То ли рэп, то ли на трех аккордах слежавшийся рок,
Мы с тобой одной крови, такая у нас группа крови.

6 сентября 2018 г.

Немного о себе

Я-то родом из холодного города,
У нас в горшках росла фиолетовая трава,
Снежные черви, съезжая с ворота,
Оплетали нам черные рукава,

Небольшие бабочки, не видные глазом,
Сыпались тучами в горло на каждый вдох,
Женщины себе брали кто одного, кто трех,
А мужчины их любили всех сразу,

Кто выйдет из дому, кликнет снеговика,
Пушистой шапкой задвинет глаза и лоб,
Если шел к милой из соседнего городка,
Не доходил, но обращался в сугроб,

Вот потому людей у нас не считали,
Сегодня их столько, а завтра все по-другому,
И никто не заметил, как мы пропали,
Однажды ночью выйдя из дому,

Впрочем, что говорить о времени суток,
Солнце всходит мягко, как вор осторожный,
Плюнет на стекло, прозвенит посудой,
Так что день от ночи отличить невозможно.

12 сентября 2018 г.

Начало

О. и С. М.

Нет, ты расскажи мне, как все начиналось,
Кто жил-был, и что случилось однажды;
Жил-был дед, облысевший малость,
У него был дом многоэтажный,
Бабка его ходила с авось... -
Нет, ты это брось,
Дед был там, где ставят три точки и говорят "и так далее",
А ты расскажи, что было вначале.

Вначале был лес, и в нем вырубили делянку,
Выкорчевали пни, заложили фундамент,
Водки выпили, привели цыганку,
Говорят ей: "У тебя стыда нет,
Так спляши нам..." - а что, если она не хотела?
А какое им дело?
То есть, и не было цыганки, вместо цыганки у них метла,
Пьяные ведь - помела и рядом легла.

Это какое-то лирическое отступление. -
Нет, это правда! - И тем не менее,
Что бы они ни пили, с кем бы они ни плясали,
Я хочу знать, что было в начале.

В начале был Брама, и он пускал пузыри,
Пустота была у него внутри,
Пока он спал, кругом была пустота,
Это называлось "всегда" -
Нет, это какая-то ерунда,
Я не хочу знать, что это значит,
Расскажи по-другому, скажи иначе.

В начале не было времени,
Была невозможная точка,
То есть, какая там точка - и тем не менее,
Она позаимствовала энергию ниоткуда,
Где-то ушли в минус, а она ушла в плюс,
И случился взрыв, то есть, случилось чудо,
И Вселенная, не толще твоего платочка,
Уже содержала - да ну ее к черту, пусть,

Ты говоришь не то, ты сочиняешь только,
Это какая-то, к хуям, риторика,
Расскажи, как вначале была наша любовь,
Как мы встретились взглядом, а до этого ничего не было,
Не было слова - понимаешь, не было слов,
Не было глаз и не было неба -
А что, если было? - а тогда я не хочу знать, -
А если знаешь? - не хочу понимать, -
А если вначале был колобок,
Один сладкий бок, другой соленый бок,
Он катился, и в бездне такой пустой
Был один, и все заполнял собой,

Заполнял на четверть, заполнял на треть,
Выдумал число и придумал смерть,
Смерть - это один, любовь - это два,
Это колыбельной твоей слова,
Вот ты уже спишь, на колу мочало,
Хокинг говорит, не было начала.

14 сентября 2018 г.

* * *

По дорожкам ранним утром
Бродит дождик необутый,
И погода портится,
Ветры с севера и с юга,
Видно, встретили друг друга,
Поиграли в горнице,

Мол, подвинься - не подвинусь!
Градусы уходят в минус,
В речке волны, речка ждет:
Скоро лед ее скует,
В волнах радио Европа
Целый мир объемлет,
Кокаиновые хлопья
Падают на землю.

- Дети,
На каком топливе летают ракеты?
- На бензине!
- На керосине!
- На военно-спортивном
Атомно-реактивном!

- Вероятно, вы имеете в виду
Ядерно-реактивный двигатель,
Который работает с утра до ночи,
Работает, как проклятый,

Как раб на галерах,
На химически очищенном кокаине,
На свежем, как снег, на белокуром, как бестия,
Совершает необходимые действия.

А вы дети, неоформившиеся пока.
Вам достаточно косячка,
Вам на блюде асфальта снежная пудра -
Собирайте осколки от чаши утра,
В очередь в приемный пункт вторсырья
Встали Ману, махатма,
Реактивная Атма,
За прилавком Высшее Я.

27 сентября 2018 г.

Неуютный дом

Ночь, и гость у порога,
Бездна чавкает ртом:
Роза зла и порока
У него под хвостом,
"Где здесь можно откинуть копыта?" -
Все забито, и места в обрез,
Кто огнем и железом воспитан,
Соблюдает всегда политес.

Проходи, добрый друг, только видишь, разбиты окна,
Холодно, как у гвельфа в его морозильной камере,
И какая-то хворь под диваном ползет с востока,
И какая-то тварь щиплет струны шестью руками

Или тянет время, его заплетая в кокон -
Нападет вертиго, так что лучше туда не смотри -
Кружевная струя, серебрясь, обжигает нам око
И реальность, как кукла, уже застывает внутри.

4 октября 2018 г., 2023 г.

* * *

Он в час или в два или, может быть, между
В прихожей оставил пальто, как надежду,
От люстры, от зеркала прячется он,
В гостиной не нужен, в проходе смешон.
Шелка под рукой ускользают проворно,
Любовь папильонами тычется в горло:
Без воздуха бабочки прут напролом
И перекрывают трахею крылом.

Вальс. Ритм по заказу, как брак по расчету.
Соперник из черного паруса соткан,
Зачем в беспощадном тумане парчовом
Здесь водят стальными плечами красотки,
Бубенчики-груди звенят, и скрипят
Атласные туфли, составлены в ряд?

Кто ищет успеха, танцует на совесть.
Судьба обернется, вошедшая в поезд,
Покажет глазами, мол, чур не игры,
Три четверти такта, и стукнут колеса,
И рельсы изогнуты знаком вопроса,
И сердце, как камень, срываясь с горы,
Экспрессом проследует в тартарары,

И быть ему в щебень дорожный разбитым;
Мой друг, ваш портфель начинен динамитом,
Над бабочкой злая висит стрекоза,
Любовь - это родины злые глаза,
Осталась минута, танцуем на совесть,
Судьба - это кнопка, зашитая в пояс,
Секунды, как ягоды в белом меду,
Как плечи блондинки в четвертом ряду.

20 октября 2018 г.

Книга 10. Цветок огня

Работа рыб

Разворачивается небо; вот-вот и хрупкие боги,
Как сухой гербарий, выскользнут меж страниц,
Пропадут, пройдут сквозь весь океан глубокий,
Не вернутся со дна, где все уже собрались.

Помнишь, была пора возвращать билеты,
Ветер с той стороны дует в уши, мол, делай выбор,
Мы роняли уют, мы счастье бросали следом,
Мы кидали карты, как в воду кидают рыбу,

Отцепляя с крючка, ведь лучше сидеть голодным,
Чем получать живую кровь по талонам.
Славу с удачей мы отпускали в воду,
Слово вернется богом, насквозь соленым.

Говорят, пожалеешь; но то, что сброшено в море,
Слишком большое, чтоб его унижала жалость,
Выйдет на мель, врастет, нуждаясь в опоре,
В надежное сердце, что сроду не разбивалось -

Ну так что ж, нам теперь теплокровными быть не нужно,
Нам учить ремесла с рыбами наравне,
Проходить не глядя садами морских жемчужин,
Черногубых устриц расталкивая на дне.

28 октября 2018 г., 2023 г.

Мурка

"Что-нибудь из небесного!" - требует Мефистофель,
У нее в гортани разворачивается струна,
Текучие куплеты или гранитные строфы -
Разумеется, Мурку! - и заводит Мурку она.

Раз пошли на дело четыре всадника бледных,
Я да Рабинович, с нами - то ли Мор, то ли Глад,
Под аспидной доской неба по зеркалу луж бесследно,
Стрелки наручных часов перечеркивали циферблат,

Здравствуй, моя Мурка! как ты
              странно смотришь и страшно,
Дорогая, ты сегодня совсем без глаз,
Круглолицая, выше башен многоэтажных,
Ты сегодня рано холодным светом зажглась.

Да, малина, перо; с окаянной Землею вместе
Ты погрузишься в брюхо звезды, теряющей берега,
Твой чарующий профиль, печален и бессловесен,
Не повторит кистью уверенная рука,

Дух сомненья сам дотронется до органа,
Шепелявят скрипки, утробно урчит гобой,
Мурка, меж зеркал шикарного ресторана
Шестикрылый легавый склоняется над тобой.

5 ноября 2018 г.

Химические элементы Ялуторовска

Пять учителей химии из Ялуторовска - шесть -
Подступают к лестнице, выход только через окно,
Свободой как средством, а не как роскошью,
Пешеходы пользуются неграмотно.

Полный ментовоз химиков едет-едет
По кокаиновой дорожке в белом-белом снегу,
Плачет медведь: "Не могу больше быть медведем,
Пидарасы, охотники, простите, я не могу,

У меня есть дома рислинг, токая четыре бочки,
Зубастые игрушки из магазина "Лесной интим",
Но я не хочу больше быть медведем, и точка,
Я подхожу к нему сзади и не знаю, что делать с ним".

Учителя химии бегут из Ялуторовска,
Обрастает притоками невозможный Тобол,
На трех лодках плывут по замерзшей реке Упоровке
Три невиданных зверя, не знают, что делать с тобой.

6 ноября 2018 г.

* * *

- Учитель, мы долго идем по краю земного лба,
Не одна комета вспыхнула и померкла,
А ведь сказано: от верстового столба до верстового столба
Расстояние немногим более километра.

Может быть, мы прошли их без счета во мраке ночи,
Может быть, по ним прокатился огромный камень,
Или поставил мало столбов рабочий,
Или кометы были крупными светляками?

- Глубоко под землей на дне перевернутой лодки,
Отраженной в подземном море, сидит рыбак,
Ловит удочкой блеск от подземных камней холодный,
Удивляются рыбы и думают, что и как,

Видят - камень нырнул и к металлу губа прилипла...
- Но какой же свет внизу освещает волны?
- В абсолютной тьме подземной слепые рыбы
Подплывают к лодке и смотрят завороженно.

12 ноября 2018 г., 2023 г.

Разговор с товарищем

- Что, товарищ, свобода - та же неволя,
Каждый должен жить, как предписано его роду,
Вот великаны проходят, допустим, вровень
С кипарисом, и солнце позже заходит в воду,

И не страшны таким опасные звери,
Даже палач, искусный в пытках, таким не страшен,
В доме рабочий слон или тигр домашний,
Только клетка теснее, и ключ от нее потерян.

Ты жалеешь меня, ведь сердце твое не камень,
Руки мои, ты прав, стеснены в размахе,
Тягостна цепь и барсу, и росомахе,
Песня застревает в хищной гортани.

Только и там, где вы гуляете с ветром,
Невысоко можно уйти под крышу -
Помиллиона, может быть, километров
Взять с плазмосферным ветром, никак не выше.

Ты здесь стоишь, не подозревая правды,
Свободен от знаний, многих, как видов отравы,
Путь твой рассчитан, дом отмечен на карте,
Куда улетаешь с пищей твоей кровавой. -

И Прометей закрывает глаза; товарищ подходит ближе,
Смотрит на шрамы то правым, то левым глазом:
Сам он считает жестокость богов излишней
И утомлен он пищей однообразной.

18 ноября 2018 г.

Театр глазами бога из машины

Страшен театр, когда испаренья плоти
Бьют по детекторам влажной пахучей плеткой,
На подлокотники кресел ложатся локти,
Заполняют зал кожаные ублюдки.

Щелкают электрические разряды,
Чувствую боль обездвиженных механизмов.
Как бесполезны белковые формы жизни,
Как их тела колышатся, ряд за рядом.

Гидротурбины, мельницы электронов,
Трудятся дружно, дробя водяные литры,
Из-под железных ног выдвижной платформы
Мне подают сигналы гидроцилиндры.

Никеля светлый союз с серебром и медью
Сделает нужное для калибровки спектра,
Актом четвертым, последним для всех комедий,
Выйдем на сцену для финального спецэффекта.

22 ноября 2018 г., 2023 г.

* * *

А. Ш.

Бывает, плачется навзрыд,
Бывает, стрелки наугад,
Ломая такт, сбивая ритм,
Из круга вырваться спешат,
И вразнобой, кружась легко,
Сметая стеклышки плащом -
От странной немощи людской
Никто, никто не защищен -
Герои сквозь калейдоскоп,
Ловкач, бродяга и монах
Выходят на помост с тоской
И с героиней в зеркалах,
И медлят заступить на царство,
И плохо действует лекарство.

1 декабря 2018 г.

* * *

Спит придорожная жена,
Не купишь снега у цыганок,
Так покажи нам из окна
Хоть станцию, хоть полустанок,

Был город, в городе луна
Скакала между крыш, и город,
Но опрокинутый, без дна,
Был черным озером расколот.

Где ивы для отвода глаз
Друг друга трогали неловко,
Горячий поезда каркас
Проследует без остановки,

Пускай зовет его вокзал,
Он стрелки обогнет проворно,
Он свистнул, грубое сказал,
И покраснели семафоры,

В купе подхватят этот свист,
А мы дочитываем повесть
О том, как умер машинист
И навсегда покинул поезд.

22 января 2019 г.

Железная рыба

"Ой, Иван, - на лоб ему руку кладет жена,
А у жены вместо глаз какие-то загогулины, -
Не иначе, железная рыба тебе нужна," -
Испарилась вода, и все угли в доме раскурены.
Чем-то она больна, ее шея смотрит назад,
Паразитные черви растут у нее в глазах.

Но приходится плыть в лодке ее ладони,
Повторяя запястья невозможный, сухой изгиб;
Водовороты приводят в логово рыб,
Реки темной крови становятся все бездонней.
Золотая форель? Зеркальный карп из небьющегося стекла?
Вот большая рыба из камня на дно легла.

"Ладно - как тебя звать, жена? - я стану железной рыбой,
Дай мне только выйти из лодки, дай спуститься ко дну,
Как тонули римляне в жадных песках Магриба,
Не снимая стальных пластин, так я утону
В этой красной реке, и, сделанный из железа,
Неразумная рыба, смогу тебе быть полезным."

Плачет жена, не плачет, ждет из реки Ивана
Или Федора ждет из соседнего околотка -
У зеркального карпа нет в чешуе изъяна,
Подобравшись к нему, перевернется лодка,
И прощаться не с кем, давно опустел перрон,
И металлы рыб подплывают со всех сторон.

23 января 2019 г.

Марш провинившихся перед небом

Анка-зима очередями коротких дней
Накрывала врага, а Петька, упрямый засранец,
Строил иней на стеклах, когда-то под солнцем кострами
Обжигавших сетчатку, и не разговаривал с ней.

То ли с севера, то ли с востока -
                видать, в оккупации не был -
Проходя по дорогам, обычно ведущим назад,
Соловья, соловья провинившиеся перед небом,
Канареечку-пташечку бравый выводит отряд.

Боги встали спиной, они не принимают молитвы,
Нас не слышат девчонки, и наш глуховат генерал,
За плечом километры, бензина истрачены литры,
Адъютанты уволены: новый опять сплоховал.

Лифты едут наверх и вагоны проносятся мимо,
Сколько лестниц Ламарка проломлено под сапогом,
Соловей, соловей - нас, возможно, когда-то любимых,
Вспомнит БМ-13 на том берегу на крутом,

"Этих душ зеркала и сердец поршневые насосы
Переполнены яростной нежностью, мой генерал," -
Не всплывая со дна, говорит с генералом Морозом
Команданте Чапаев, и лед обнимает Урал.

3 февраля 2019 г.

* * *

Разверни свое мягкое брюхо, колючий еж,
Черная ночь подступает к тебе лисой,
Не трамвай, а упряжка, ты к западу повернешь,
Ты объедешь луны шарнирное колесо.

Ты не знаешь, зачем и кого ты сюда привез,
То и дело сюда неизвестно кого привозят,
За калиткой мира, на кладбище мертвых звезд
Маразматик-бог уверенно слезет с козел,

Забывая и конский топ, и людскую молвь,
Подмечая, что у звезды стала лисья морда,
Выходя на круг, как ступает сама любовь
Вдоль бетонных плит, когда выходит из морга,

Все равно ты себя не спрячешь, малютка-еж,
В твоем брюхе гоняют кровь водород да гелий,
И тяжелые ядра готовы поднять галдеж
В тесных клетках таблиц, как капли воды в апреле.

21 февраля 2019 г.

Каменное сердце Г. Р. Державина

Гаврила Романыч между незнакомых статуй
(На Арбате арап с пластилиновой Гончаровой),
Мучась не то подагрой, не то простатой,
Щелкает пальцами и вспоминает слово.

Даже если ты каменный, и луна тебя будит в полночь,
И бесполезный ветер не может толкнуть тебя в спину,
Через весь звукоряд, перестроенный наполовину,
Незнакомое эхо приходит к тебе на помощь.

Формы милых проказниц - ведь сердце
                                      не камень - нет, камень,
Красота бьет с размаху, роняет тебя на колена,
Сквозь стекло не обнять, даже не прикоснуться руками:
Неприступны, столица, в витринах твои манекены.

Гаврила Романыч среди неопознанных статуй
Не находит друзей, вовсе не вспоминает былого,
То ли пьяный Вийон, то ли просто воришка поддатый
Смотрит, чешет в затылке и шепчет знакомое слово.

27 февраля 2019 г.

* * *

В этом читальном зале шрамы на голом
Столе, и память целлюлозной эпохи,
Деревянные скрипы и вздохи,
Невозвратность глаголов,
Шелест страниц, как спадает шелк вдоль красивых плеч,
Если всю эту бумагу сжечь,
Будет свеча до неба, в ней синее тело Шивы,
Что же это он выносит в руках?
Призрак неоцифрованной памяти, улыбаясь счастливо,
Нега смерти, медленной жизни страх.

А в Платоновом мире неразбериха и хаос,
Подгибая ножки, пляшет идея стола;
Если идея прямой одна, как старику казалось,
Из чего же сделана идея угла?

Боги устали от нас, и нам они надоели,
Ереси нам скучны, и неглубоки расколы,
Чего же так жаль?
Относительность определений,
Невозвратность глаголов,
Нахальный смех, навсегда заключенный в памяти -
Жирная пища пламени,
Смерть, любовь и все остальные жены -
Груз на руках у Шивы, из огня он выйдет преображенным.

2 марта 2019 г.

* * *

Буратино сидит неуверенно и сутуло,
Вниз по трубам ксилемы без толку ползет бутират,
В деревянной шкатулке, в столешнице, в ножке от стула
Замурован и терпит мучения маленький брат.

Революция, огненный дом, ночь любви с панкластитом,
Сквозь металл нашей воли горячая жидкая смесь
Просочится слезой абсолюта, ладонью раскрытой
Ляжет сверху на город и смерть прочитает как весть,

И Мальвина, пострижена, как нигилистка, со сбродом
Головешек увечных неведомо чем занята,
А Пьеро поднимает перо и рифмует свободу
Со свободой, свободой, которая эх, без креста.

22 апреля 2019 г.

* * *

Говоря о звездах,
    как о сферических бюрократах в вакууме,
Осип думает о бабах, потому что это всегда,
Бабы бывают разными и одинаковыми,
Каждый мужчина и каждая женщина есть звезда.

Осип думает о бабах, и послушная память
Вынимает из сердца и тасует колоду карт,
Это заюшкин хвост, это узкая лодочка,
Те придется сдать, а эти нужно оставить.

Будут волки позорные, будет этап в Тамбов,
Туберкулезный барак, полный воды сугроб,
Будет смотреть со стен безжалостный, как любовь,
Кремлевский горец или сказочный долбоеб;

Что же вы, звезды, куда вам девать глаза?
Только о бабах, пока шевелятся губы,
Повторять имена без звука, без голоса,
Будто в трубу со стороны раструба.

26 апреля 2019 г.

* * *

Дочери Машке

На складе дурных голов, позабытых дома,
Гуляет ветер, Машенька, так что даже трамвай
Не найдет дороги; выбирая рандомно,
Как свернуть на стрелке, отвезет тебя в рай,
А в раю, Машенька, мокрые перекрестки,
Мокрые блузки облепляют мокрых девчонок,
И толпой какие-то роботы на колесиках,
Если дунешь во флейту, бегут вдогонку.

Без сомнения, ты задержишься там,
У тебя там дела: мять асфальты обутой ножкой,
Называться Агнешкой, Белоснежкой, и понемножку
Превращаться в какую-нибудь донну иль гранд мадам.
Ты давай, почтальон, не кляни себя, успокойся,
Ночь длинна, ночь хитра, как закрашенное лицо,
С ней, одно за другим примеряя трамвайные кольца,
Побываешь везде и доставишь мое письмецо.

Ты сердитая, вот ведь, что ей ни скажи, недовольна,
Как прикажешь; пускай тот трамвай повернет невпопад,
Мимо стрелки проскочит, заденет язык колокольный,
Вдоль подземных огней повезет тебя, Машенька, в ад.
Будет демон ходить у окна твоего на закате,
Поморгает глазами, не скажет тебе ничего,
Там огней золотых на четыре Саратова хватит,
Надоест бес рогатый, и ты пожалеешь его.

3 мая 2019 г.

* * *

Черный дракон не долетит до Амура,
Новая весна не сломит ветку сирени,
Длинный хвост поезда не войдет под свод горизонта,
А ты уже берешься за карандаш.
Катерина мастерит бусы, слово за словом
Нижет на леску, пока те разевают рты,
Думая ухватить червяка. Как хороша Катерина,
Знают старые зеркала, но не могут вместить
Знаний, и новые тоже разбиты.

Пока наши враги управляют нами
Через посредство чувства вины, наступает ночь,
И мы снова свободны - мы умрем в тюремной больнице,
А Смирнова накрыло лавиной
Вдвоем с юной невестой, они умерли оба,
Катерина, мы видели столько смертей,
Круглые клумбы, цветущие асфодели
Вытоптали в садах Диониса и Персефоны,
В школьных двориках, уходящих за горизонт.

Как гудок паровоза берет ноту все тоньше и тоньше,
На рубеже веков она переходит на ультразвук,
Так память уходит по трамвайному кругу
Ежесекундно, и можно уже не следить -
Страшно, конечно, как снова вернется, стоять на дороге,
Призрак чужого человека встречая на рельсах,
Но перед ним неудобно - он не побоялся,
А ты ведь постарше, теперь ты уж точно постарше,
Так что ему улыбнешься и тоже стоишь.

Так давай стоять, поднимая руки,
Когда-нибудь здесь будет костяной лес,
Позвонковый папоротник, фаланги густой сирени,
Ребра кривых берез.
Когда каждый цветок будет краснее другого,
Когда каждая встреча станет последней,
Уже можно опасаться зеркала впереди,
Но я боюсь других, тех, которые лучше помню,
Даже если идти по рельсам, по узкоколейке,
Единожды в сутки тебя настигает поезд
Со спины, машинист не видит и ты не видишь,
И пускай, ведь вовсе не это страшно,
Страшно, до чего она хороша.

27 мая 2019 г.

Случай в гимназии

Во сне был Анненский, гимназии директор.
Две школьницы жгли белый лепесток
Ромашки, луч поймавши в телескоп,
Цветок огня выращивая редкий.

Цветок огня, скажи мне, что со мной?
Он отвечал им, школьницы смеялись,
Крутили ключик, натирая палец,
И шел по кругу заяц заводной.

Директор, удивляясь запоздало,
Сажал вторую кляксу между строк,
Ложился в землю у дверей вокзала
И расцветал, как огненный цветок.

3 июня 2019 г., 2023 г.

* * *

"Что ты мне поешь, Буратино, скворечная голова,
У меня здесь в каждом углу деревянная мумия,
На скамье Пьеро обрывает с рук рукава,
Умирает от голода и безумия.

Посмотри, они сами лезут ко мне в чулан,
Накажи, мол, нас, научи нас считать удары
Кожаного кнута по горячим нагим телам:
Я твой Карл, я у Клары украл для тебя кораллы,

Если Некто встанет опять на моем пути,
Я возьму себе кровавые яблоки его глаз,
Подойди, голубые волосы расплети,
В полутьме чулана погладь этой плеткой нас." -

"Я пою тебе здравствуй, Мальвина, моя дорогая,
Синеглазая девочка, здравствуй и снова прощай,
Я смотрю на тебя, я ударов кнута не считаю,
Выдавай же меня и за это перо получай,

Ведь Пьеро оборвал рукава, и теперь его точны движенья,
В горло входит перо, как в поэму "Двенадцать" Христос,
Но тебе в этот раз не отделаться шрамом на шее,
Помнишь, как мы с тобой - нет, не помнишь ты, что за вопрос".

И вздыхает Пьеро, и стоит паровозом на рельсах,
У красивой молодки отнявшим пропащую жизнь,
И механик его разбирает до скрученных жил,
И сокрытый в нем двигатель переставляет на крейсер.

19 июня 2019 г.

* * *

Я был дворовой гитарой, инструментом низшего класса,
И каждый рвал мои струны, как рвут на лифе шнурки,
Ложился в руки любого дворового ловеласа,
Сквозняк из дыры в кармане наматывал на колки.

Я строил или не строил, визжал и скрипел надрывно,
А девки зубастый рот целовали поверх меня,
А ночь глотала бензин или в кровь расшибала рыла
И розовый след аборта плыл в небе к началу дня,

Я был дворовой гитарой, инструментом любви и смерти,
Я кашлял гитарным риффом, выплевывая шансон,
Дворовые музыканты, заботясь об инструменте,
Дышали эфирным лаком и лили в кровь ацетон.

Над струнами ночь любви расцветала губой разбитой,
Мы жили или не жили, мы, дерево и металл,
Прощай, не тяни струны, короткой, как сон магнита
О том, как в железных недрах Земли он любить устал,

О том, как в железном сердце звезды шевельнулось пламя,
И память о прошлой жизни, и тот подзаборный ритм,
Дешевая папироса, сквозняк из дыры в кармане,
И небо, полное звезд, над разбитой губой горит.

22 июня 2019 г.

Книга 11. Выбор для Капитона

Кораблики

Конечно, мы тоже любили и знаем,
Как небо кусками свисает с усов
Трамвая, как те, что сидят по трамваям,
Вдоль спинок сидений сложились в узор,
Подобный тому, что составлен из трещин
На зеркале лужи, затянутом в лед -
Нельзя не толпиться им с видом зловещим,
О том, что погибло, не знать наперед.

Погибла надежда - не нужно смеяться,
Подставил стакан - не кривляйся, а пей,
Сквозь радиоволны военных реляций
Идет мотылек по воздушной тропе,
Луна подвела и смерзаются крылья,
Луна, ты хитрила, со мной говоря -
Спешить на твой зов, прилагая усилья,
Чтоб с лету уткнуться в мурло фонаря!
Влюбленные рыбы мне губы раскрыли:
Нельзя, чтоб жиры пропадали зазря.

Надежда размокнет в желудке у рыб,
Планеты и звезды - такие же рыбы,
Такие же с огненным сердцем шары,
Зарыты в магнитного поля изгибы;
Прости, мотылек, я уже не спешу,
Хоть их чешуя поддается ножу,
Но веер из лезвий железного ветра
Оплачивать нервами, метры за метром,
Устанешь: пройдя по безлюдным рядам,
Их рыбной торговке бесплатно отдам.

Конечно, такое случалось: чернели
Граффити на стенах, глазам горячо
От бешеных красок, здесь черных, тут белых,
Там скальпель контраста вскрывает зрачок.
И даже теперь, после стольких столетий,
Когда объявленья читаешь в газете
О том, сколько за ночь разбитых сердец
Находит консъержка у входа в подъезд -
Так, в среднем, подробной статистики нет -
Кораблики клеишь из этих газет.

19 августа 2019 г.

* * *

Высоко в потемках увидеть что-то живое,
Наклони эту чашу, господи, иначе не дотянуться,
Если это ошибка, нам не достанет воли
Выйти отсюда или просто проснуться.

Нам говорят, что живое - всего лишь способ
Существования времени, чтобы идти не просто,
А спотыкаясь; нет, подбирая россыпь
Звезд (на фарфоре неба они оставляют роспись

И исчезают, как светлячок в чернилах).
Помнишь, ты говорила - главное, ты смотрела
Черным зрачком, жадным черным на бледном белом,
Черный зрачок расширив, не помню, что говорила,

Эхо от этих слов, правда, еще приходит:
Тридцать лет и три года, как дед золотую рыбку,
Я ловлю его сетью сквозь прорубь в морских угодьях
Памяти мутной, промерзшей под пеной зыбкой;

Так, наблюдателей ты презирала расу,
Словно читая в их простоватых лицах,
Как вхолостую роняет антропный принцип
Щелкающих событий боеприпасы,

Так высоко я ничего не вижу,
Кроме того, что существовать не может,
Кроме того, что, смеясь, подступает ближе
И исчезает, соприкоснувшись с кожей.

26 августа 2019 г.

* * *

Когда девчонки ловят в темном переулке,
"Рассудок или жизнь?" - едва успеешь вспять,
Ведь жизни не догнать, шаги у края гулки,
Рассудок роздан весь, и нечего сказать.

А хорошо бы - нет, в купе остался чайник
Горячего вина, и в нем отражена
Надутая щека и века окончанье,
И в скошенном зрачке застывшая вина.

Кто под землей, а кто по городским берлогам
Хрипит в цепях уюта, их ручной медведь,
Он ждет хоть бы цыган, но их теперь немного,
Их город проглотил, и следует терпеть.

Мы запинаемся, но в дебрях словарей
Нам можно пропадать, нас никому не надо,
И речь между корней петляет все быстрей,
Подола не подняв, не поправляя взгляда.

10 сентября 2019 г.

* * *

Придержи лошадь, палач, - это говорит Джордж, -
Придержи лошадь, такой тебе мой совет,
Там, из-за круглого бока круглой земли,
Выезжает мой старый отец,
С чем-то он едет к нам?

- Здорово, отец, - это говорит Джордж, -
С чем ты приехал к нам?
Привез ли ты золота,
Привез ли ты серебра,
Чтобы выкупить мою голову из петли,
Чтоб отпустил меня на волю мастер палач?

- Нет, - это ему отвечает отец, -
Я не привез золота,
Не привез я и серебра,
Ведь я приехал, чтоб посмотреть,
Как на висельном дереве созревают плоды,
Посмотреть, как созреешь ты.

О, плоды и деревья, колючие руки колючих кустов,
Как язвят ваши иглы мое шитое-перешитое сердце,
Если я все-таки вырвусь от вас на волю,
Я никогда не вернусь в этот страшный лес,
Я не вернусь.

- Придержи лошадь, палач, - это говорит Джордж, -
Придержи лошадь, такой тебе мой совет,
Там, из-за круглого бока круглой земли,
Выезжает моя милая мать,
С чем-то она едет к нам?

- Здорово, мать, - это говорит Джордж, -
С чем ты приехала к нам?
Привезла ли ты золота,
Привезла ли ты серебра,
Чтобы выкупить мою голову из петли,
Чтоб отпустил меня на волю мастер палач?

- Нет, - это ему отвечает милая мать, -
Я не привезла золота,
Не привезла я и серебра,
Ведь я приехала, чтобы посмотреть,
Как на висельном дереве созревают плоды,
Посмотреть, как ты будешь качаться в петле.

- О, веревки плющей или петли забытых рук,
Уберите свои страшные когти от моего рваного сердца,
Если я все-таки вырвусь от вас на волю,
Я никогда не вернусь в этот страшный сад,
Я не вернусь.

- Придержи лошадь, палач, - это говорит Джордж, -
Придержи лошадь, вот так, натяни поводья,
Там, из-за острого угла угловатой земли,
Выезжает моя родная сестра,
С чем-то она едет к нам?

- Здорово, сестра, - это говорит Джордж,
С чем-то ты едешь к нам?
О плодах и деревьях рассказывает сестра,
О петле на шее, о хороших веревках, о палачах
Говорит с интересом.

- Если я вырвусь... - говорит Джордж... -
Но вас слишком много, вы не дадите мне убежать.

- Придержи лошадь, палач, - это говорит Джордж, -
Придержи лошадь, слезай, ты мне больше не нужен,
Из нелепых труб этой многосвязной земли
Виднеется ножка моей любимой.
Надо ли спрашивать, с чем она лезет к нам?

Здравствуй, моя любимая,
Ни одна игла не войдет так глубоко в мое сердце,
Как язвит его твоя красота,
Недоступная рукам, чем-то я их связал,
Недоступная губам нежность твоей шелковой кожи,
Едва доступная взгляду.

Здравствуй, моя любимая,
Дай угадаю, с чем ты пришла ко мне,
Висельное дерево ты вырастила в сердце своем
Из пузатых, медных, крепких зерен нашей любви,
В твоих руках живая веревка из живого плюща,
Страшная видом.
Когда есть твои руки, разве нужен палач?
Когда есть твои губы, разве мне нужен палач?
Ты сделаешь все сама,
Он больше не нужен.

И палач плачет, и плечи его дрожат,
Он достает золото, он достает серебро,
Все, что он скопил за свою жизнь
                на своей регулярной службе,
Он хочет отвязать Джорджа,
Он хочет выпустить его на свободу,
Но достанет ли его золота,
Но хватит ли его серебра,
Но выдержит ли его вес веревка?

14 сентября 2019 г.

* * *

А. Крушельницкой

Ушли они в черный, как уголь, черный и темный лес -
Прощай, Теодора!
Поезд посуды без рельсов уходит в последний рейс -
Прощай, Теодора!
О, самовар гладкокожий без малых шершавин!
О бельевое корыто с носящими воду ковшами,
С большими ушами, но вовсе без головы
Пустое корыто
Разбито.
Увы.

Узнала ли ты печаль, Теодора?
В постылых просторах опустевшего дома,
В темноте только сердцем своим ведома
От стены к стене, к той стене, в которой
Вырублено окно, но в окне, Теодора,
Не видать луны на небесном блюде.
Звон надзвездной посуды не слышат люди,
За столом сидят, наливают из чашки чай.
О Теодора, узнала ли ты печаль?

5 октября 2019 г.

Змееныш

Говорит змееныш: "Мне скучно жить, как в мультфильме,
Колосятся вокруг меня злаки и вьется гать
Сквозь болото; здесь много болот и таких извилин,
Змеевидных дорог через топи не сосчитать."

"Знаешь, - говорит змея, - раньше змеи были большими,
Кинопленки раньше были короче змей,
Были толще в обхвате, и след в траве оставляли шире:
Видно, предки змей прижимались к земле плотней."

Говорит змееныш: "Мне скучно смотреть на звезды:
Обвиваю стебель, и ночью скрипит камыш," -
Говорит змея: "Это просто ночные гнезда,
Птицы смотрят вниз, когда о них говоришь,

Они помнят время, когда огромные змеи
Ели их птенцов (им глаза расширяет страх),
Пели песни (а птицы слушали их, немея),
Соблюдали ритм, раскачиваясь на хвостах."

Говорит змееныш: "Ты вовсе меня не слышишь,
Мал мне княжеский череп, узка голова коня,
Мне приелись птенцы дрозда и полевые мыши,
Я устал от того, что ты не слышишь меня."

Отвечает змея: "Давным-давно у змей были уши,
Чуткий слух, нежный голос и сладкий душистый яд,
И гигантские мыши, и яйца мясных кукушек,
Молоко людей - вот так у нас говорят,

А теперь, вылупляясь весной, норовят уползти в июле,
Ты им слово - они впустую разинут рот,
Покидают дом и жертву не караулят,
И бродячий князь неведомо как умрет."

13 октября 2019 г.

* * *

Лист мрамора, под ним журчащая трава
И лягушачьих жизней серебро,
Рабы немы, но на заборах есть слова,
Студентам в чайнике заваривают бром,

Чтоб под кустом не стали размножаться.
Но все-таки студенты нам нужны:
Предотвратив теченье менструаций,
Они солдат рождают для страны.

Все будет новое, ведь старое забыто:
Литература, валенки в цвету,
Сын машиниста, бог канцелярита,
Платонов служит дворником в аду.

5 ноября 2019 г.

* * *

Дядя Боба заполняет квитанцию
Родился наружу
Адцатого месяца, который был круглый,
Да истончился весь,
В городе Красного Знамени,
Под Знаменем Адского Племени
В пламени,
Образовался новообразованием,
Семейное положение - однорукий,
Род занятий - не приемлю зла.
Плачет жена, ведь когда-то любила его, козла,
Но в результате неизбежной разлуки
С рассудком, ввиду окончательного разрыва
С природным разумом
Он только пучит глаза, как рыба,
Не находит ее красивой,
Находит в ее сумочке разное.

Что же ты пишешь, ирод,
В квитанции жилтоварищества?
Сам ведь в слезах горячих обваришься,
Как теперь платить за квартиру?
Я была тебе верной женой, а теперь ты живешь с другой,
Остаюсь твоей одинокой левой рукой,
Пока ты живешь с волосатой и лживой,
Совсем некрасивой
Одинокой правой рукой.

Получив заполненную квитанцию,
Председатель вздыхает - еще одна разрушенная семья,
Он смотрит на свои руки, он старается разобраться -
А которую б выбрал я?
Где-то наверху и одновременно внутри,

Потому что внизу и непременно снаружи,
Яростный, развратный, как земные цари,
Как они, никому не нужный,
Председатель Шива заходится в танце,
У него на шее ожерелие из квитанций
Разобранного на атомы жилтоварищества
За головотяпство и рвачество,
И беспомощна дерзость земных наук,
И тошнит от голоса их цыплячьего,
И рябит в глазах от синего, мельтешачьего
Шевеленья шести одиноких рук.

26 ноября 2019 г.

* * *

Конструктор разбирая плотский,
Наукой смерти увлечен,
Дышал вполсердца Заболоцкий,
И, быв напутствован врачом -
Жить смирно, не кормить ракшаса,
Быть со страданием на "ты",
Не забывая отражаться
В народном зеркале воды -

Он видел, как, блистая салом,
Духовной пищи рваный бок
Без глаз, без мыслей, без сапог
Плывет в кишечнике усталом,
Как, перекрещиваясь, тени
Сгущаются, чтоб стала тьма,
Он брел сквозь груды построений,
Не понимая их ума,
Но зная: их архитектура
Скрывает неуклюжий круп,
Движенье внутреннее труб
Следя сквозь кружево ажура.

Пусть разум камня слишком прост,
Руда в нем мудрой змейкой дремлет,
Когда в кольцо свернется время
И меж зубов сожмет свой хвост,
Созреет плод далеких звезд,
Металла пролитое семя.

Увлекшись, помертвеют лица:
Мы были звездные плоды,
Но позабыли отразиться
В надзвездном зеркале воды
И стали угощеньем щедрым,
Червей нас дружный ест народ,
И глубоко в подземных недрах
Наш гроб, как лодочка, плывет.

14 декабря 2019 г.

В память о синем домике Ширпотребсоюза

Надоели мне многие реки, суетнохребтовые горы,
Надоели злаковые и магнитноэлектрические поля,
Меня ждут в заготпчелопункте
                      Свердловской облпчелоконторы,
В городских узлах навсегда заблудившегося шмеля.

Жизненные лишения подрезали мои прозрачные крылья,
Украли мое мохнатое толстое брюхо, мое железное жало,
Злые женщины за мной свои темные окна закрыли,
Что жужжать мне для них: ни одна для меня не жужжала.

На двух жалких ногах, практически без опоры,
Расшифровывая запахов многословные письмена,
Я петляю кругами, меня посылают на
Перекрестки, где нет ни одной облпчелоконторы.

Здесь ухмылки сарказма растут на безруких стволах,
И в домах, где могли б размещаться заготпчелопункты,
Гладбольмор трехэтажный, в подвале его Мосгорстрах.
И жуки на колесах в смертельные шины обуты.

Повстречавшись с собратом, заложим с ним за воротник,
Помнишь хмель, бузину, в волнах
                      разбушевавшийся вереск,
Помнишь женщину-ночь и коварной акации ересь,
К чьим душистым губам, как к дешевой бутылке, приник.

19 декабря 2019 г.

Песня из романа

До середины неба зимнего
Достанут женщины с корзинами,
В корзинах рыба серебристая
Глотает воздух на ходу,
Кривые тени стали длинными,
Такими вечерами зимними,
Такими вечерами мглистыми
На стук к двери не подойду.

Ах, рыбаки широкоплечие,
Они рыбачили до вечера,
Девчонок провожая взглядами,
Они в таверну держат путь,
А наша дверь остроконечная
Как будто крестиком помечена,
Как будто каждому тут надобно
В глазок овальный заглянуть.

Помою косы мылом с уксусом
И посмотрю в окошко узкое,
Луна качается над крышами,
Светло и видно хорошо,
Как парень в шапочке корабликом
Идет дорогою обратною,
Давно он из таверны вышел, но
К моей двери не подошел.

Назавтра день речного города,
И небо надвое расколото,
Друг с другом будут драться молнии
За право в мачту угодить,
И полногрудые красавицы
Со дна речного поднимаются,
Чтоб привередливого молодца
На дно речное утащить.

Выбор для Капитона

А я не сахарная кралюшка,
Я тоже выйду на кораблике,
А я умею править лодочкой
Не хуже деда-рыбака,
Веслом, заточенным лопатою
На население хвостатое
Я замахнусь, привстав на корточках,
Не промахнусь наверняка.

Назавтра выхожу на улицу,
На небе солнце сыто жмурится,
И снег лежит перед таверною,
И реку затянуло льдом,
И парень в шапочке корабликом
Стоит насупленный, не радостный,
По всем русалкам он, наверное,
Грустит и думает о том,

Как зыбко дно речного города,
И сердце надвое расколото,
И тело нежное под волнами
Не проскользнуло между рук,
Но есть на суше плечи круглые,
Глаза, горящие, как угли, и
Есть взоры меткие, как молнии,
И я к двери бегу на стук.

21 декабря 2019 г.

* * *

Когда мы станем маленькими старушечками
И нас надо будет держать взаперти,
Чтобы мы какой конструкции не обрушили
И не заблудились у кого-нибудь на пути,

Когда последний порог деменции будет пройден,
Мы с тобой пройдемся еще немного,
Тогда нам, фройляйн, к нашей с тобою фройден
Построят игрушечную железную дорогу.

Я уже не могу ждать, и мне отказывают слова:
У тебя будет пульт, у меня будет два,
Мы с тобой займемся настоящей игрой —
Ладно, не злись, я отдам второй,

Собственно, никаких пультов тут и не нужно,
Поезда встанут на рельсы, поедут сами,
Мы будем следить за ними глазами
И просто так жать на кнопки дружно.

Конечно, они будут свистеть
И очень даже громко будут пыхтеть,
И не пройдут своих маршрутов даже на треть,
Когда за нами придет наша смерть,

Белой мглою и черным светом нависнет над рельсами,
Скажет сердцу "хольт", дескать, альцу жаркий июль,
Мы ей скажем — так даже интереснее,
Скажем, на, подруга, держи третий пульт,

А она, голубушка, в него жадно вцепится
Чем-нибудь — ну хоть бы и костяной рукой,
Поезд отправляется, следующая станция Мельница,
То есть, будет мост, и он пройдет над рекой,

Нам уже хочется какой-нибудь катастрофы,
Чтобы один поезд - бац! - врезался в другой,
Но мычат коровы в отблесках костров, и
Белая луна идет надбровной дугой,

Движется навстречу подруге-смерти,
Нам уже хочется в землю или в огонь,
Мы садимся в поезд - хоть билетик проверьте!
Смерть кивает нам и отцепляет вагон.

22 декабря 2019 г.

* * *

Максу Фридману

Тише дверного скрипа; даже глядя в глаза,
Слов никак не услышишь, и не задавай вопросов,
Как провалиться в валенки, не заступая за
Краешек колбы небесного купороса.
Зеркалом горизонт, надежда стоит стеной
Блеклой, так тяжело нависнувшей надо мной.

Нам называют сроки, но в них не верим мы,
Мы подберем себе юриста в Нигерии,
Пусть, как поэт, без права рассчитывать на ответ
Он отправляет письма непонятно кому
О миллионных наследствах, которых нет,
Росчерк кометы пишет ответ ему.

Знаю тебя, ты распускаешь хвост,
Россыпью просо звезд в павлиньем саду,
Рельсы окольных троп перекрывает мост,
Я и по почерку, и вслепую тебя найду,
Руку тебе положу на железный лоб,
Всхлипами колыбельных хриплые голоса
Женщин, тебя качавших, а ты закрывай глаза,
Как и тогда, твой провожают гроб.

Что нам расскажет черный, как ночь, юрист -
Будет другое, бездна окликнет бездну,
Мол, обращайтесь, моя консультация бесполезна,
Я вам поставлю печать на кленовый лист,
Руки, как ветки, и на устах печать -
Будете знать, как на письма не отвечать.

12 января 2020 г.

* * *

Максу Фридману

Выбирая забвенье, ни земли, ни воды,
На сыпучем песке оставляя следы,
Словно барскую шубу с плеча в кабаке,
Сбросил под ноги жизнь и идешь налегке.

Как валюта ушедшей под землю страны,
Наша память не стоит теперь ни гроша,
Городской лабиринт от стены до стены,
Где уже не осталось живых горожан.

Слово странные игры ведет с пустотой,
Сколько в мире любви обернулось бедой,
С ней на север, закрытый медвежьим ковшом,
Ты уходишь, как будто ребенок чужой.

Помнишь - "вижу тебя, а дотронуться не могу,
Напрягая слух, не могу услышать твой голос," -
Это все-таки ты, это в воздухе свежая полость,
Это тает железо на слишком горячем снегу.

Помнишь - раз ключ скрипичный, он открывает скрипку,
Он большой, и ты вырос, и это жаркое лето;
Вслед за тобой: "Обмани свой мозг,
                  встречай эту боль с улыбкой," -
Я шепчу, рискуя дожить до конца куплета.

2 февраля 2020 г.

Выбор для Капитона

В одно время,
Когда были в моде ложные дихотомии,
Юбка или брюки,
Любовь или дружба,
Теория или эксперимент,
Трусы или крестик,
К Капитону подступил один такой,
Ангел или демон,
Короче, не наш.
На вид-то нормальный,
Незаметный такой мужичок,
Из таких, по которым
Взгляд скользит,
Никогда не задерживается,
Как будто их тут и нет.

"Такое дело, - говорит ему,
Устало так говорит, -
Короче, ты понял".
"Ничего я не понял, -
Насторожился, конечно,
Наш Капитон. -
Что продаешь?
Я тут пиво пью," -
А это было в забегаловке,
Той, что на Герцена,
То есть, была она там,

Пока ее не закрыли. -
"Я тут, короче, пью пиво,
Вот кружка,
Мне нормально, я добрый сейчас,
Так что давай,
Нахваливай свой товар".

"Товар-то известный, -
Говорит этот, допустим, ангел,
Этот вот мужичок, -
Вечное спасение.
Рекламу ты видел,
Так что я сам помолчу,
Пива вот выпью,
А ты решай".

"Нет, - все идет не так,
И Капитон недоволен, -
Ты мне разъясни, что к чему,
Что там у вас и как".
"Обыкновенно, - говорит мужичок,
Скучным голосом говорит".
"Ну что там, что,
Кипящая сера,
Скрежет зубовный,
А меня прямо из котла за загривок -
И в рай?
А там, в раю - нет, не гурии,
Гурии не у вас -
Где, стало быть, хоры ангелов
Сладко поют?

Ты поешь, что ль?"
"Случается," - говорит мужичок,
А перед ним уже кружка,
И сам он вовсю
Пивком заправляется,
Под рыбовку,
Грамотно так.

"То есть, если с вами пойду,
Так петь будете,
А нет, так в котел посадите?" -
Донимает его Капитон.

"Ничего не знаю, -
Говорит мужичок, -
Ничего обещать не могу.
Сомневаюсь, что кто-то будет нарочно
Озадачиваться, чтобы вот это,
Как ты сказал-то?
Насчет котлов".

Капитон задумался,
Почесал сухой воблой в затылке.
"Постой, - он говорит, -
Как же, - он говорит, -
Девять кругов ада,
Каждый на свой смертный грех?
Хотя вроде этих семь,
А тех девять".
"Вот и разберись сперва сам
Со своей арифметикой,
Не томи мою воблу," -

Мужичок говорит.
И кружку - так - залпом.
Капитон проводил пиво глазами
И отчего-то вспомнил,
Как один раз, было дело,
Приехал в Австралию,
Ну, по работе,
Ну, кенгуру, конечно,
Сумчатые крокодилы,
Юбочки до пупа
У человечьих девчонок,
Это все хорошо.
А вечером, как стемнело,
Он подошел к гиду,
Покажи, мол, мне Южный Крест.
Гид спал с лица,
Даже в темноте было заметно,

Выбор для Капитона

Говорит,
Да что ж вы все,
Да когда ж это кончится,
Ничего я не покажу.
Южный хер могу показать,
Он у меня в штанах.
Оно тебе надо?
Капитон понял - надоели,
Один за другим, каждый день
Просят одно и то же.

Мужичок вроде как взглянул на него,
Усмехнулся
И говорит:

"Ты читал
Тибетскую книгу мертвых?"
Капитон смутился,
Пробормотал - мол, я-то нет,
А жена читала,
И эту, как ее, Костоеду
И Гурджиева и я забыл...
Но, говорит, я тоже,
Я так,
Я просматривал.
И мужичок сказал ему так:
"Представь, парень,
Как ты вышел из дома
Совершенно один,
Пошел странной дорогой
И заблудился.
И вот какие-то рожи
Собаковидные
Промелькнув мимо, отрывают от тебя
По куску плоти,
Между прочим, больно," -
Мужичок потер себе предплечье,

Как будто что вспомнил, -
"И никакой сыворотки от бешенства,
Ничего под рукой.
И почва проваливается под ногами -
Болото, не болото,
И сухо, и мокро,
И жара до семи потов, и лютый мороз,
И более всего страшно." -
Ну а пиво-то, конечно,

Не забывает себе наливать
В стеклянную кружку.

Капитон многое понял,
Капитон задумался,
Капитон посмотрел на гостя
Вприщур, с подозрением.
"А так, значит,
Если я выберу,
Вы меня встретите тепленького,
Гида мне выделите,
Он через тропинку меня проведет
Туда, где все ангелы
Больше не собаковидные,
Не кусаются,
Сладкие песни сладко поют?" -
"Ну, - отвечал мужичок, -
Уж это как повезет.
Гида выделим,
Но никаких гарантий,
Только шанс найти тропу,
Шанс от шанса пройти по тропе,
Крошечный шанс.
Пропадете оба,
Если не повезет." -
"Вот как, вот как, -
Говорит Капитон, -
В том, что я читал,

Это подавалось совсем иначе". -
"Ты, как я погляжу,
Читаешь так же, как и считаешь," -

Мужичок плечами пожал
Неприметными
И еще одну кружечку
Привычным таким движением
Опрокинул.

"Ну а что же, - говорит Капитон, -
Ну а что ж, ну а что же,
Ну вот заблужусь я, допустим, вот пропаду,
Пройду через все эти ужасы
Собаковидные
И провалюсь назад в этот мир,
То есть, как это говорится,
Реинкарнирую?"
Мужичок задумался.
"Наверное, и такое может случиться," -
Он признал, -
"Если выйдешь на эту тропу.
Тоже - мелочь, конечно,
Но какой-никакой,
А все-таки шанс".

"Ну погоди, - говорит Капитон, -
Ну я не понял.
Я тебя понял не до конца.
Вот когда ты говоришь это,
Пропадете, дескать,
Ну то есть что я пропаду,
Это как понимать-то?
Сожрут?" -
"И это может случиться, -

Как заводной, соглашается мужичок, -
Если повезет.
Какой-никакой,
А все-таки шанс."

"А с другими что вышло? -
Капитон спросил
После другой пары кружек. -
Вот кто к вам не попал,
Не вернулся в мир,
Кого не сожрали,
Что?"
"Не повезло им, -
Мужичок отвечал терпеливо, -
Пойми ты, парень,
Возьми ты в толк наконец,
Вот так бывает,
Не повезло".

Капитон замолчал,
Капитон задумался,
Вышел отлить.
Вернулся - не исчез никуда мужик,
Стоит, воблу теребит,
Вынимает из упаковки,
Воблой пиво закусывает.
"А если я соглашусь, -
Заговорил тогда Капитон, -
Ну, предположим,
Ты, значит, мне билет,
Лотерейный билет с каким-то там

Крохотным шансом,
С большим риском для гида,
А что взамен?"
Мужичок улыбнулся:
"Думал, ты уж не спросишь.
А ты взамен то,
Чего у себя дома не знаешь,
В твоей то есть собственной черепушке,
Ну или если хочешь,

В сердце твоем,
И там, и там,
Короче, в тебе самом,
Короче, кота в мешке,
Какой товар, такая и плата".
"А бывают такие люди, -
Спросил тогда Капитон, -
Которые видали кота в мешке,
И, когда к ним ваши приходят,
Так уже знают точно,
Наверное знают,
Какая плата?" -
Мужик пожал плечами,
Мужик кивнул,
"Ну да," - говорит.
"А скажи ты мне, ангел,
Или как тебя там,
Скажи, не солги,
Да ведь врать-то тебе ни к чему,
Тут мало конкретики,
Скажи, короче,
Вот те люди, какие знали,

За что ты продаешь свой товар,
Как они выбирали?" -
"Кто как, - отвечал мужичок, -
Кто как, парень", -
И еще одну кружечку
Опрокинул.

5 февраля 2020 г.

Звон фарфора

Книга 12. Звон фарфора

* * *

Шаман вернулся в деревню Средний Амалат
Из большого города, где молятся очень большим богам,
Невеселый вернулся.
Но вернулся живой, и резинкой клубничный гам
Залепил в своем темном жилище окно,
То есть круглый просвет не крупнее блюдца,
Не выходит к людям уже давно,
Ни о чем не хочет им рассказать.
Не стучит весло, не скрипит кровать,
Не выходит из дома дым, и люди уже смеются.

Где-то далеко бежит холодная вода Ангара,
Пена есть! Рыба есть!
Она сводит колени, она не слишком добра,
Но, как все, поддается на лесть,
Можно попросить ее, чтоб она помогла,
Только гордость моя - это в сердце моем игла,
Духи ходят ко мне, там сказали бы - как к царю,
Молча ждут, что я первым заговорю.

Что-то случилось в жилище шамана,
Там гуляет свет и крошится звукоряд,
Неизвестные гости икают, как будто пьяны,
И по всем углам невидимые сидят.
Лопнул дом, он вышел оттуда, и стало ясно,
Что пока там сидел, все это время рос,
Вырос длинный шаман, и халат на нем вырос красный,
Вырос новый живот и стал прозрачный насквозь.

Только вот, не разучился ли говорить?
Оказалось, нет, оказалось, не разучился,
Он старик, в его суставах живет артрит,
А глаза его желты и зубы, как у волчицы.
Вот что он говорит: наступает цивилизация,
Трудно будет нам не исчезнуть в ней
Всем селением Амалат.
Это значит, нужно нам постараться
В Верхнем мире построить рай,
В Нижнем мире построить ад,
Чтобы все там стало, как у людей.

Когда его убили, он не заметил,
Продолжал отдавать приказы,
               и нам пришлось подчиниться,
Мы построили дым, мы построили ветер,
Мы построили злые широкоглазые лица,
Из костей муравья, медуницы и бражника
Мы собрали модель автомата Калашникова,
Мы разрушили до основания наше село Амалат,
Но наш рай в Верхнем мире получился похожим на ад,
И наш ад в Нижнем мире получился похожим на ад,

А духи, хотя они слышали ритм и видели звон,
Ничего не поняли и решили, что это какой-то аттракцион,
Говорят, если будешь учиться на все пятерки,
Отведем в Дисней-лэнд,
Покатаешься с горки,
Помолишься Микки-Маусу,
А я уже большой, я в гробу видал этот брэнд,
Горки, гладкие, как распределение Гаусса,
Кривые зеркала, то есть, двери, ведущие в Средний мир
И вообще вся цивилизация,
Сами можете с ней лизаться и целоваться,
Мне нужна приставка для игр.

29 февраля 2020 г.

* * *

После жизни, долгой, как повесть Бианки
(Как страшны длинноты, не знают ни ангел, ни Бог),
Чтоб собрать по дороге усталого сердца обломки,
Возвращался мышонок в заброшенный уголок.

"Пой, мышонок, пой, - говорили ему цветы, -
Ты оставил свой дом, он остался совсем пустой,
Он не рос и не цвел, как стыдился он пустоты!
Как мы плачем о нем, пожалей, не ходи, постой!"

Оставался мышонок, пока не взошла луна,
Не заснули цветы, не настала пора идти,
Благодарствуй, луна, хорошо, что ты нагнала
Этот сон - торопись, дома ждут тебя радости.

Камни, старые зубы дракона, мололи пыль,
Что их слушать? А как же, ведь шепчут со всех сторон:
Эй, не ты ли вечных скитаний искал, не ты ль,
Извини, обознались, заслышав осколков звон!

Эти камни, зубы дракона, конечно, врут,
Не осколки - обломки, стук их совсем глухой,
В них нельзя узнать стон фарфора, напрасный труд,
Глина бывших сердец каменеет в пыли легко.

Не сверни в болото, мышонок, бери правей,
От болотной жабы не сможешь держать удар,
Лучше уши зажми, в них шум полевых кровей,
Впереди гнездо им напоминает шар.

Вот теперь постой: из простой болотной травы,
Из конструктора листьев, как делаем это мы,
Ты собрал гнездо, мышиный дом, но увы -
Ты давно ушел, он не мог пережить зимы.

Это что-то другое, тебя там уже не ждут,
Или ждут в засаде, свернувшись в холодный ком,
Расписав про себя по минутам весь твой маршрут,
Проверяя воздух раздвоенным языком.

Телом слаб мышонок и кости его стары,
От таких догадок его пробирает дрожь,
Ох, не надо было ему начинать игры,
Этот выигрыш, от него живым не уйдешь,

А дорога к дому, ее поглотил огонь,
Начался восход, солнце тоже такой же шар,
И мышонок идет к нему, как король на трон,
Как король на плаху, и голову под удар.

3 марта 2020 г.

* * *

Товарищ следователь закуривает, творя туман,
Где-то спит еще одна влюбленная в него женщина,
Начинается март, и любовь их сводит с ума,
И портрет на стене смотрит на нос застенчиво.

Что, товарищ призрак, дело такой-то номер,
Что ты ходишь ко мне, я неверующий,
Как назвать тебя, в голове так и вертится,
Номен несцио или там номен омен,

Ведь у вас латынь? - "Nomina sunt odiosa, -
Привидение улыбается, примято проходом узким
Между столом и портретом, - я только мечтанье, греза,
Образ мысли, и я говорю по-русски".

Гражданин следователь этим словам не рад,
Времени нет и дергается щека,
Надо бы вызвать эскорт, проводить гражданина в ад,
Но строительство ада не завершено пока,

Разрушить разрушили, а потом решили:
Реставрировать нужно с применением старорежимных
Царских спецов из-за границы, или
По подвалам нарыть, чтоб в неволе нам послужили.

Ах, псы прежних режимов! Это картавое эр,
Цепь на шее из межъязыковых метафор,
Память женского шелка, тяжелых пыльных портьер,
Мясо текста, фактура фонем картавых,

На любой ответ они знают другой вопрос,
Но когда их бьешь, они поджимают хвост,
Удивленье сменяется страхом у них на лицах,
Из-за этого трудно остановиться.

Гражданин следователь им не товарищ,
Не силен в теологии и мало верит в нее,
С ней, как с женщиной, много веришь - каши не сваришь,
Лучше полагаться на классовое чутье.

Но товарищ фантом, гражданин привидение
Только смотрит с улыбкой, из глаз вытекает кровь,
И от этого взгляда за мозг берет оторопь,
Порождает в груди классовое волнение.

И догадка, на вкус, как стеклянное крошево,
Ранит язык и режет стены насквозь,
И совсем ничего не сулит хорошего:
Провалиться в пол попробовал - удалось,

Ты ведь тоже призрак, только пониже званием,
Стань напротив солнца - от тебя тени нет,
Тщетны попытки отразиться в овальном
Зеркале, и ты не помнишь своего имени.

Ты всего лишь греза, и нет в том твоей вины,
Нежная фантазия, сладкая пена ада
Спящей в чужих объятиях женщины:
Скучно ей, хочется большего от разврата.

4 марта 2020 г.

* * *

Девка, трогай тут,
Что ты прячешь взгляд,
Человек сосуд,
А в сосуде ад,

Маятник покуда качается,
Стенки у сосуда утончаются.

Легкие комкаются,
Как два дубовых листа,
Зачатие в космосе
Идет трудно, прерывисто,

По заданию партии,
Как в известной апории
О торжестве голой практики
Над голой теорией.

В космосе дикого солнца
Ветхозаветная ярость,
Ангельское посольство,
Верхний и нижний ярус,
И протоновый ветер,
И магнитные норы,
И рождаются дети
Безо всякой опоры.

Вырос младенец-князь,
Вышиб дно металлической бочки,
Неизвестно чем в безвоздушном пространстве смеясь,
Подлетели ангелы и ему заменили ручки
На реактивные крылья,
Не маши руками, не совершай усилья,
Это была бы ошибка,

Плыви, как в прозрачном соусе рыбка,
Вступай в небесное воинство,
Пусть мамаша не беспокоится,
Ее досье останется чистым -
А она опять про задание партии -
Пиши, дура, магнитным пером в долгой памяти:
Бог не встречается с коммунистами.

А на Земле, чуть что, разговор короткий:
Не ершись,
Подумай о детях,
Их жизнь под прицелом ядерной мощи великой страны,
Просто пей водку,
На этикетке всегда протоновый ветер,
Если нужно расслабиться, это поймут пацаны.

Она рада, что не увидела Бога:
Пацаны верят в кого-то, и если это тот самый,
Кто наполнил одни сосуды водкой, другие адом,
То его разговор короткий,
Беззащитной женщине много ль надо,
Нет, немного,
Горстка планковских времен,
Мгновения, которые остановятся,
Небольшой отряд, реактивнокрылая конница
И горячие звезды со всех сторон.

13 марта 2020 г.

* * *

- В другом районе, никому не известном районе, -
- Что же, его нет на карте? -
             Есть, но никто не смотрит в тот угол,
Так вот, не перебивай, там стоит дуб мореный, -
Может, лежит? - Заткнись, не находит там дуба гугол,
Там бетонная глушь, железозаборная тишь,
Ненасытным насосом там выпиты все болота,
Не тянись к телефону, смирно сиди, где сидишь,
Мрак тебе в уши, в рот тебе болт народный.

- Что ты ругаешься? - Это я от страха, от страха,
Ведь до этой встречи я ничего не боялся,
Ни богов, ни чертей, ни клоуна, ни паяца,
Я их дергал за бороды, я им в глаза смеялся,
Я был неуловимый Джо, монополь Дирака,
Мы не знали страха, почесывая гробы наших тел,
Но закончилась нефть и череп врага опустел... -
- ...Ты скажи, наконец, что это была за встреча?
Я хочу сперва испугаться, потом проститься с тобой,
Я спешу, на часах уже без четверти вечность,
Мне пора домой, вот я и тянусь за трубой.

- Это был... боже мой, дай мне руку, вот так держи,
Это был человек, не молодой и не старый,
Он в кепчонке замызганной, с драной пластмассовой тарой
Шел, наверно, отлить куда-то за гаражи,
Под пальто костюм его, кажется, был неплох,
Так, не от-кутюр, но не то чтоб рассадник блох,
Горожанин он был, был, как я, гражданин страны,
Дряхлеющей стремительно, уходящей вразнос
Чуть быстрее, чем большинство остальных,
Взять хотя бы женский или лучше мужской вопрос...
- Я все понимаю, у тебя травма,
Так что ты не хочешь говорить прямо,
Мягкой амнезии требует твоя память,
Но прости, я спешу, мне придется тебя оставить.

- Нет, не уходи, я уже не могу быть один!
Тот горожанин, вернее, тот гражданин
Передал мне бациллу страха, микро наверное организм
Зрительным контактом, глаза в глаза, и я стал смотреть вниз,
Я увидел подземные сокровища,
Облака метана, моря сверкающей нефти,
Дно в алмазах, золотые деревья с нетвердой корой еще,
И на каждом из них роспись смерти,
О, совсем не страшной, послушай, да что мне в ней:
У нее в аду отапливаемые помещения,
Но оставишь надежду - она пролезает в щели,
Я увидел ее, и нет ничего страшней.

- Ну-ну,
Ну, ничего,
Подойди к окну,
Погляди в него,
Ты еще не знаешь, а подсознание догадалось:
Кроме нас, здесь никого не осталось.
Бесов нет и ангелов нет,
Есть немного света, но это неяркий свет,
Распылился херувим,
Истончился серафим,
Все придется делать самим.

19 марта 2020 г.

* * *

Т. М.

В городе колодезных квадратов
К маленькой Татьяне подступает большая весна,
Полостная рана заката, потом гангрена,
Нож карантина, и ангелам не до сна,
В воздухе мало теней крылатых,
В каменных ульях держится запах тлена,

Татьяна слушает музыку,
"Кооператив Ништяк", а что же еще,
Нужен реактив, чтобы растворить все опоры:
В этих тюрьмах ждут узники,
Они чувствуют холод, им горячо,
Но Татьяна чувствует только холод.

В городе колодезных квадратов
Татьяна, слыша слово "поэт", зажимает руками уши,
На барабанах бронхит, в голове играет мигрень,
Слышишь, как зеленеет медь, как топает троекратно
Подкованное копыто, ведь всадник уже в игре,
Закрой глаза, чтобы видеть лучше.

Татьяна слушает музыку,
Вчера было никогда, завтра опять сегодня,
Бойницы такие узкие,
Петропавловская крепость набухла этой весной,
Как наливной нарыв, в котором созреет гной,
Как большая почка, как семечко преисподней.

В городе колодезных квадратов,
Сползающихся к воде, похожих на перевернутые города,
Кто-то всплывает из-под асфальта, как из-подо льда,
Татьяна подходит к окну и улыбается: да,
Медный Всадник командует всем парадом,
Он влюблен в свое войско, он снова молод,
Он узнает Татьяну, он кивает ей, как всегда,
Но Татьяна чувствует только холод.

22 марта 2020 г.

* * *

Как у нас в холодке астрала, там гуляют парни что надо,
Волосатые кабальеро, офицеры и матросня,
Как влитые сидят мундиры,
                      слабый пол не отводит взгляда,
Уж не держат меня коленки, хоть коленок нет у меня.

В кабаках расцветают вишни эмпирей на губах вампиров,
Ходит-бродит на четвереньках между стульями пилигрим,
Он в Тюмени оставил тело на пороге нижнего мира,
Он здесь пьян за счет заведенья,
                      мы с ним после поговорим.

Тут философ ревет Делезом,
                там бардесса глядит Гомером,
Страшновато и тесновато, населенный у нас астрал,
И любовь, накачавшись дурью,
                возвращается править миром,
Сторожит его просвещенье и тиран охранять устал.

Эгрегор обнимает Дуню и братается с ней в астрале,
Он бесформенный кабальеро, Дуня смотрит не на него,
Посетители курят книги, жгут квартиры, дымят кострами,
Если Ницше против Вагнера, это двое на одного.

25 марта 2020 г.

* * *

А. П.

Обронить мимоходом: слова, как известно, карманы,
В которые совали одно, другое, а то и многое сразу,
Оттого мы плутаем в понятиях зыбких и странных,
И, чуть что, вызывает охрану взбесившийся разум.

Ты не слушала: это поется, и ладно, и славно,
Нужно голос беречь, но киоски стоят у обочин,
Я куплю эскимо, чтобы ты шоколад отломала,
Перепачкала пальчики и разыскала платочек.

Просыпаясь, я морщусь от лязга больших паровозов:
Столько лет отошло, раздувая пары, от вокзала,
Каждый год этот сон, и в конце уплотнившийся воздух,
И, расстроены, струны никак не догонят вокала,

Уходящего вверх, а учитель грозит камертоном
На дурацком уроке, похожем на утренний морок,
Звуковая волна, посторонние ноты в ней тонут,
Тебя просят напеть так, чтоб ровно четыреста сорок.

Кем мы станем? Ты на сердце огненной буквой,
Мне, по скользкой дорожке, податься в карманные воры,
Этот год, этот черный состав, как котенок, напуган,
И в карманной дыре между звезд исчезает проворно.

31 марта 2020 г.

* * *

И. С.

- Понимаешь, - он мне говорит, - что такое алтарь
В нашей православной традиции? Ну как тебе объяснить
По-простому, и чтобы кого не надо
Не потревожить всуе? Ну вот представь, карантин
У граждан, все сидят у своих экранов,
Тут же, у монитора, обязательно чашка кофе,
Чувствительная доска с электронным стилусом,
Кактус для красоты,
Кактус от облучения,
Аллергенный кот на клавиатуре.

Граждане ропщут, а потом отвыкают,
Проходит время,
Коммуникационные сети приходят в негодность,
Электричество, может быть, и осталось,
А может, отменили заодно с магнетизмом,
Это как карта ляжет,
Ну ты же знаешь.

Сменяются поколения граждан,
И они забывают,
Для чего служил им компьютер с монитором,
Или лаптоп, или простой телефон.

Помнят только, что это было окно
В другой мир, великолепный и грозный,
Где самые невообразимые чудеса
Были возможны,
А что теперь, какие могут быть чудеса?
Так, реальность.

Монитор по-прежнему стоит на столе,
С него благоговейно стирают пыль,
Рядом с ним стоит лучший кактус,
Самый пушистый кот лежит на клавиатуре,
Коллекция игрушечных пони,
Чашка кофе, изнутри как будто покрытая глиной -
Никто не смеет к ней приказаться -
На подставке для компакт-дисков,
Устаревшей еще до конца мира,
Всегда стоит.

Но некоторые нерды, как у вас говорят,
Красноглазые гентушники, линуксойды
Сохранили секреты коммуникационных сетей.
У них гудят компьютеры,
У них светятся мониторы,
Но они используют их для другого -
Не для того, для чего обыватели
Использовали их раньше,
Не для того, для чего сейчас.
Это очень страшная секта,
Они вне закона.

- Ну ты, брат, здоров врать, - я ему говорю, -
Вечность не отучила. -
Анечка подходит, берет его под руку,
Улыбается мне -
Вечность не отучила -
И вот, выходит, во второй раз
Я просыпаюсь.
Такой день.
Пора домой.

31 марта 2020 г.

* * *

Через полкомнаты не протянуть шнура,
Жми голос и растаптывай котурны,
Уходит старый мир, а с ним, стара,
Как мир, великая литература.

Подумаешь, мы тоже стали стары,
Здесь многое зависит от формата:
Раздуешь мировой пожар заката -
Библиотекой брезгуют пожары.

Трагедии, нам обустроив быт,
Спускаются в подвздошную рутину,
Ход времени неряшлив, ритм разбит
И горизонт подобен карантину,

И Вояджер встречают у плетня
Двенадцать офицеров Зодиака,
Поскольку дальше светового дня
Запрещено выгуливать собаку.

Дух насекомых, ангел сладострастья,
Верни нам веру в скромное вранье
И оберни в дыхание твое
Гармонию, разъятую на части,

Пусть будет телевизор вместо пенсий,
В нем Голубой Огонь и гости из могил,
И мухожук, застенчивый, как Ельцин,
Косноязычен и прозрачнокрыл.

1 апреля 2020 г.

* * *

Полк идет, а трубачи при нем разбитные,
В каждой луже с каждой свиньей норовят поваляться,
Сколько было "доколе", сколько было "отныне",
Дисциплины все нет и не устанавливается субординация.

В конце концов, и среди офицеров
                    есть люди с хорошим слухом,
Музыкальны почти все сержанты и несколько генералов,
У одного майора свисток, как египетская фелука,
С острым бортом, и нет ему равного в мадригалах.

Девушки вроде бы слушают, даже целуют в губы,
Но поднимется ветер, ни в склад и ни в лад, ничей,
Но едва он заглянет в нечищеные раструбы,
Девушки смотрят только на трубачей.

А солдаты, солдатикам знай подавай барабаны,
Ведь что нужно солдатикам, ать или два, и вперед,
Но труба им толкует о чем-то в спряжении странном,
Если трубы молчат, барабан непонятное бьет.

Так что если б не девушки, если бы не солдаты,
Расстреляли бы их, да давно бы, да долго ль умеючи,
Трубачей-то - ведь маршал и сам музицирует знатно
На свистулечке, дудочке, пташечка, мол, канареечка.

4 апреля 2020 г.

* * *

Андромаха не хочет знать никаких богов,
Ее слезы двадцатигранный жемчуг, горячий лед,
Но Афина любит убийц, ее обычай таков,
Но зарублены братья, и скоро отец умрет.

Асфодели в цвету, и не нужно других цветов,
Пусть проклятый Олимп зарастает дурной травой,
Золотое сечение, только один виток,
Распрямившись сквозь сердце, выходит из ничего.

Если б был наверху хоть кто-нибудь, кто не слеп,
Кто в кровавых лужах не омывает взгляд -
Нет, не то, пускай безжалостен и свиреп,
Но, отняв у Харона, способен вернуть назад,

Обняла б его ноги гордая дочь царя,
Небывалой лестью его услаждая слух,
Языками пчел медовыми говоря,
Если грозен он - пусть видит ее испуг,

Если добр, пусть взвесит тяжесть набухших век,
Если падок на ласки - она в этом знает толк
(При дворе не теряют времени зря, поверь,
Я еще юна, но люблю богов, как никто),

И пускай проклятый Ахилл уходит живым:
Если братья встанут, она прощает врага,
Если милый отец взойдет на своих ногах
На богатый трон - но он лежит недвижим,

Но разрублен трон, пол проломлен отцовским лбом,
Но чернеет заря, стоны неба глотает лира,
Только Гектор утешит, только его любовь,
Незадолго до смерти от мощной руки Ахилла.

7 апреля 2020 г.

* * *

Пригубив рассвет разбавленный, вокзальный,
По стаканам липких окон разлитой
Мимо лавки, где хозяйкой брошен зайка,
Потому что он женился на другой:

"Ни за что не умалю моей гордыни, -
У нее случился заворот пальто, -
Посмотрю, любовь, в глаза твои пустые,
Накажу себя ни за что, ни про что,

Ах луна, ночная рыба, хвост не спрячешь,
На обратной стороне не утаишь,
На маневрах обойдет тебя удача,
В кнопки пуговичных глаз не доглядишь," -

Дверь в четвертый класс, закрытая снаружи,
Не войдет туда ни зайка и никто,
Навсегда из сердца изгнанный к тому же
По доносу страшной Агнии Барто.

25 апреля 2020 г.

* * *

Выпьешь довольно, чтобы не помнить, кто жив, а кто умер,
Слова, как хамелеоны, меняют цвет,
Город плывет, как корабль, и шевелятся в трюме
Еле живые рабы, а свободных нет,

Можно кого-то из них нарядить капитаном,
Женщины это любят, "я ваша, мой капитан,
Пейте," - нет уж, мы сами выпьем и станем пьяны,
Лучше других сосудов греха стакан.

Друг проплывает, он нарядился рыбой,
Видно, сейчас пустует его могила,
Делает знаки, дескать, поговорил бы,
Да уж не помню, чего там и как все было,

Да и не надо, доброй тебе охоты,
Выпей, пожуй моллюска, у него голубая кровь,
Правда, в море не видно; ты не смущайся, что ты,
Будь себе рыба, хищную пасть раскрой,

Кто доверяет нынче чинам Ламарка?
Предки были умней и не покидали моря,
Не попадали в этот табель о рангах,
Не мастерили лестничных аллегорий,

Тогда не умели любовь отличать от смерти:
Не умрешь - не воскреснешь и не распространишься
И не прольешь, опустошая ниши,
Синюю кровь со вкусом неба и меди.

Здесь, в этом трюме, любви мы ничьей не просим,
Спирт растворим, и в нем не найдешь опоры,
Воздух так сперт, что мы мимо рта проносим,
Льем мимо вен содержащие смерть растворы.

28 апреля 2020 г.

* * *

Стрекоза говорит муравью: "Эй, муравей,
Пришла пора строить большое здание,
У него должен быть хвост, рога, лабиринт аллей
И фундаменты капитальные.

Я довольно хорошо представляю себе проект,
Я что-то слышала о строительстве:
Железобетон, цемент, составитель смет
И приказчик в бордовом кителе.

Ты строитель, так собирай команду ты,
А я позабочусь о фондах,
Навещу пауков подводных,
Попляшу перед жуками рогатыми."

Муравей идет, он идет и слышит внутренний голос,
Он отвечает - ну и что, значит, так надо,
Он идет с видом муравья, собирающего команду,
И команда встает из земли по пояс.

Хороши у жуков сверкающие надкрылья,
Яростна их мысль, рождающая химеры,
Передвинут камень практически без усилья
Мышцы, пропорциональные квадрату размера.

Говорит команда: "Муравей, ты совсем тупой,
Твой внутренний голос нам обжигает уши,
Даже нам, хоть мы и стоим снаружи,
Ясно: он вот-вот перейдет на вой."

Говорит муравей: "Разве я с этим спорю?
Справедливо каждое ваше слово,
Вы, - он говорит, - зрите в самый корень,
Отчего ж не дать обмануть нас снова?

Кто-то из вас голоден, кто-то сыт, и ладно,
Каждый из вас мастер, которого нет сильнее,
Ни обманывать не станете, ни командовать,
А ведь это все, что она умеет."

Стрекоза танцует в пустой коробке,
То взлетит немного, то приземлится,
Рядом небольшие живут мокрицы,
Стороной пройдет божия коровка,

И никто не смотрит, никто не знает,
Что теперь затеяла баловница,
Да и ей нет дела до новых зданий:
То взлетит немного, то приземлится.

30 апреля 2020 г.

* * *

В нашем Аду, в Аду горящих железных стен,
В Аду говорящих железных коров
Каждый согрет, одет в наручники и здоров,
В нашем Аду никто не ждет перемен.

В нашем Аду мудрецы молчат, откусив язык,
И стадам железных коров не видно конца,
То один, то другой к железной стене приник,
Догорает и не шевелится.

Иногда мы думаем, что за горящими стенами,
За железными стенами есть другие миры,
Там другие коровы, другие горят костры
И другое железо жжет людей постепенно.

Я сложил эту песню о странных, иных мирах,
И коровья морда ткнулась в мое плечо,
Как привычная боль, как давно мне известный страх,
От железной морды больно и горячо.

Когда она говорит, из ушей льется кровь.
Костяная мука сыплется из суставов.
Но на этот раз, я ведь не из лукавых,
Лгать не стану, я искал и ждал ее слов.

Их нельзя повторить, как нельзя повторить огонь,
Обожжешь гортань, не окончив последний слог,
Но я понял: на юге за стенами есть другой
Ад, и это Ад четырех углов.

И я понял: везде, куда я ни кину взгляд,
Если бы глаза могли прожечь железную стену,
Я бы видел кривые иглы хищных растений,
Или огненный дождь, или медью кипящий Ад.

И пока я к этому знанию не привык,
Я приник к стене по совету моей коровы,
И когда соседи меня окружили снова,
Откусил и выплюнул под ноги им язык,

Чтоб молчать: в каждом сердце, льдом и огнем помечен,
Есть холодный Ад, в нем железа чуть меньше нормы
Наказания в нем включают рожденье, форму,
Боль и смерть, и продолжаются бесконечно.

8 мая 2020 г.

* * *

Максу Фридману

Младенца сопровождает удивление.
Крошечный, но его присутствие огромное, как у бога.
При взгляде на него ясно,
 почему божественное невозможно,
Почему божественное значит хрупкое, как фарфор.
Потом у кого уходит, у кого остается.

Все боги смертны, и почему - совершенно ясно,
Каждый их выбор прост: если не я, то кто же,
Трещины бегут по следам тонкостенной дрожи,
Всякий цвет становится ярко-красным.

Мы с тобой познакомились тридцать три года назад,
Никогда не пройдут, проходят так скоро
Хорошие споры, детские мелочи невпопад,
Надежное плечо, ободряющий взгляд
И оглушительный звон фарфора.

8 мая 2020 г.

Танго

Вы умеете танцевать танго, танго в бетонных садах,
На развалинах арматуры, в луже битума, как на льду,
Танго жидких гвоздей, танго "абразив и наждак"
Под пыхтение брошеных труб в музыкальном поту?

Лежа под капельницей, считая краем зрачка,
Сколько раз раздвоилась муха на потолке,
Оставляя тело, плавая налегке,
Вы умеете танцевать танго запотевших зеркал?

Собирая взглядом стаи онемевших кукушек,
Уступая шаги черным кошкам, горящим светло,
Танго легких в огне и сосудов, затянутых туже,
Вы умеете так, чтобы ангелам пальцы свело?

Скоро музыка смолкнет, и колокол вырастет звонким,
Как замерзший скворец, как луна, застывая во льду,
Что б там ни было, вечно в волшебном бетонном саду
Мальчик будет гулять и играть со своим медвежонком,

И веселые звери найдут для совы новый дом
В черных окнах развалин, в дупле под разомкнутой крышей
Соберутся друзья, перемазавшись ржавчиной рыжей,
И пылающей лилией станет луна подо льдом.

13 мая 2020 г.

Список необходимых вещей

Книга 13. Список необходимых вещей

Аннушка

Аннушка плачет, а руки ее скручены
                             в два костлявых узла,
Бессильная ярость растворяется в приступе дрожи:
Рай рассчитан на тех, кто любит делать одно и то же
(Она шепчет четыре повторяющихся числа).

Задевает верхушками небо триумвират,
Заблудившись в трех соснах, вздыхаешь,
                                 мол, тут все едино,
Ты мечтаешь рабом - поработай сперва господином,
Плачет Аннушка: Аннушка все понимает про ад.

Ад рассчитан на тех, кто не любит делать одно и то же,
Слушать песенку в цикле, раскатывать плюшевый плед,
Комплименты по кругу, вдоль стенки, и выхода нет,
Смерть, любовь и все те же маршруты мурашек по коже.

Но пора одеваться, судьба не дает нам каникул,
Как скрипит под калошами черная лестница дней,
Вечность-Аннушка вышла за маслом;
                        бутылка, вдруг всхлипнув,
Засверкала, и солнечный зайчик запрыгал по ней.

18 мая 2020 г.

* * *

Ах, Цай-Хуа, Люхар - это бог монет,
А про тебя неясно, человек ты или лиса,
А молодые студенты считают, что бога нет,
Только чиновники могут творить чудеса.

Живые они или мертвые, это им все равно,
Монеты звенят, и у них могущества прибавляется,
Ящерицы им несут золотые яйца,
Молодые барышни приходят к ним пить вино.

А я, Цай-Хуа, в том году отказался от должности,
Вышел на пенсию, и теперь неизвестно кто,
В глазах туман, и я не знаю о том,
Кончится моя жизнь или до завтра продолжится.

Я так поглупел, что не могу отличить
Твои щеки, Цай-Хуа, от цветка персикового дерева,
На запах, на вкус ищу к загадке ключи,
И пусть говорят, что я ничего не делаю.

Ай, Цай-Хуа, ты забрала мои силы,
Но мне не жалко, теперь я знаю, что ты лиса,
Оборотень, не персик! но слышишь скрип колеса -
Убегай, это врачи съезжаются на консилиум,

Нет, не уходи, лучше стань невидимой,
Не оставляй меня скучать с докторами,
Стал бы я после смерти лисом, но выйдет ли,
Цай-Хуа? Тогда бы мы с тобой поиграли,

Цай-Хуа, вон в том доме сосед был жесток со слугами,
А как помер, так возродился с копытами и без пальцев,
Жил с ослицами, обходил двор по кругу,
Его звали Господин: на это имя он откликался.

18 мая 2020 г.

* * *

Полулежа в кресле, бабушка рассказывает сказку
О том, как злые дети посадили на печь
                Снежную Королеву,
Лед растаял, и город был разрушен приливом,
И полюса стали небезопасны.

На территории халата начинают игру
Жестокие гномы и смертоносные феи,
Зарастают начесом отверстия для рук
И железные пуговицы ржавеют.

Тени выходят из своего полдневного кокона,
Боль начинает бубнеж, настраивая инструменты,
Скоро грянет оркестр, уже задрожали окна,
Вероятно, Кармен разбивает сердце на кастаньеты,

Но крученые нервы требуют тонкой настройки,
Иначе будет слышен фальшивый дребезг,
Взрыв барабанов, скорая обрывает гастроли,
Наши отступают с боями по дну Ахерона,
Жгут ракеты, кроют грубым матом Харона,
И на берегу расцветает вереск.

23 мая 2020 г.

Уроки стихосложения

Барышни в поэтическом классе притихли,
Приняли одухотворенный вид,
Мэтр, под углом друг к другу ботинки,
Руки за спину, у окна стоит.

Ему немного неловко соответствовать ожиданиям,
Есть какие-то вещи, которых ждут от таланта
Барышни - но он живет так годами,
Как Сизиф, катит в гору свою галантность.

Задает на дом чтение (но только крыса в углу серванта
Любит читать, хотя и та не поймет ничего),
Каждая уверена, что ей достанет таланта
И без всяких книг поразить его мастерством,

И тогда мэтр, от страсти дергая глазом,
Объяснится с ней, превзошедшей всех смертных здесь,
А если так не вышло с первого раза,
То это только из-за козней соперницы.

Веселей с нигилистками: спирт,
                фиговый лист прокламаций,
Гордость драного сфинкса, не пишут пером,
                только лезвием,
Тоже, конечно, стараются самовыражаться,
Зато никогда не говорят о поэзии,

Да и что сказать - свет, который идет ко дну,
Когда все на одного, предсмертное знание, что вас двое,
Волк в закрытой клетке, даже не видя луну,
Знает, что пришла пора выть, и воет.

24 мая 2020 г.

* * *

Сегодня особый день,
День, когда мы поминаем наших младших товарищей,
Которых мы ждали на наши похороны, но они не придут,
Рассаживаются дамы, здесь шелест шелка, шорох парчи,
В петлях галстуков господа.

Почему они оставили нас?
Видите ли, они уже вышли из того возраста,
Когда мы могли бы быть им чем-нибудь интересны,
А потом, ведь они всегда собирались,
Как и многие здесь.

Солнце ползет по фасадам зеркал,
Не выходит наружу, но достаточно света от люстры,
Пара свечей, это легкий штрих немного дурного тона,
Сухой скрип одряхлевшего маятника, капелька ретро,
Механические кукушки молчат.

На кафедру выходит докладчик,
Неплохо сохранился, брюшко удачно скрадывается
                              выбором ткани,
Не правда ли, милые дамы, добрые господа,
Наш докладчик выглядит намного моложе
Своих лет, как и многие здесь.

Докладчик благодарит тех, кто пришел,
И тех, кто не смог, потому что их задержали
Выстрел или отрава, глубокий асфальт, поезд или петля,
И мы могли бы подождать их еще немного,
Но поджимает регламент.

К тому же, - говорит докладчик,
На часы поглядывая украдкой, - это ведь ради нас с вами
Они не явились, поскольку на определенную категорию лиц,
К которой принадлежим и мы с вами,
Квота заранее определена.

Список необходимых вещей

Столько-то жизни, столько-то, быть может, удачи,
Денег, конечно - здоровья, денег и славы,
Может быть, приключений,
                    не побоюсь этого слова, открытий,
Видите, я показываю диаграмму,
Кто что не взял, пойдет в карман к остальным.

Мы не сможем прожить их жизни,
Оболочки наших душ не прогоркнут их странным горем,
Кстати, в известной мере вызванным
                    случайными обстоятельствами,
Но над тем, что нам перепало, мы прольем светлую слезу,
Слезу благодарности.

Скрипит маятник, горят свечи,
Льется слеза благодарности,
И тоска по мировому пожару, по окончательному потопу
Рвет оболочки душ.

Лети, механическая кукушка,
Сидя внутри, ты догадалась, что есть свобода,
Смахни хвостом люстру, повали часы, это ретро,
Пусть они тоже разлетятся на шестеренки,
Только не раскрывай клюв, только не веди счета,
Не бойся, впереди только стекло,
Впереди стекло, и оно больше не нужно,
Хорошо, что ты механическая, кукушка,
Повезло, что тебя не ждут и не любят,
Лети.

27 мая 2020 г.

* * *

По палубе неба соленого цвета
Идут на небесных ногах альбатросы,
Ко мне не приходят слова для ответа,
Без слов для ответа приходят вопросы.

Допустим, ты в море соленом, глубоком,
И больше не хочешь работать руками,
Нет дна под ногами и пена под боком
В глубоком, соленом таком океане,

Ты хочешь стать рыбой, допустим, что рыбой,
Конечно же, рыбой с чешуйчатой кожей,
Слоями течений, как шубой, накрытой,
Хорошей, на детский рисунок похожей,

А воздух большой, что привет, что до встречи —
Звук сразу утонет, он рухнет, как камень,
На палубу неба, а песня, конечно,
Плывет и себе помогает ногами,

Слова в ней не нужные нам и не наши,
И ладно, и славно, и лучше не надо,
В один океан не захаживай дважды,
Хватает и слова, достаточно взгляда.

27 мая 2020 г.

* * *

"Где твоя, животное, избушка ледяная?"
А я и знать не знаю, и не знать не знаю,
Матушка сердитая, зябкая, как статуя,
Зеленью прикрытая, будто бородатая.

Хорошо мне жить в канаве, в рукотворной яме,
Пью из лужи, ем из рук и не дружу с друзьями,
Боль рассохнется древесно, заведется жук внутри,
Жук, ползущий повсеместно, все при нем инвентари,

Чтобы резать, чтобы сверла зажужжали, как пчела,
Чтобы крылья распростерло насекомое-игла,
Муха сдобная с картинки, девица-красавица,
Червячки твои личинки хорошо питаются.

Ах, совершенно другое дело эти стрекозы,
Маковых вод медицинские грезы после наркоза,
Голову выше, смена большая, строимся в пары,
Мы снаряжаем в путь вертолеты Чандрасекара.

Девочка плачет, нужно остаться, что ты, ну что ты,
Неотвратимость - это подарок; плачет - не нужен,
Это нам дарит наш наблюдатель где-то снаружи,
Капают слезы на оболочку от вертолета.

29 мая 2020 г.

Лодка

Кто кровожадней вегана, безжалостней гуманиста,
Расчетливей романтично настроенной женщины?
Не отвечай мне, это опасно, если тебе приснится
Белая лодка в сомкнутых реках, не ожидай дальнейшего,

Просто ныряй, повезет - уйдешь и будешь мне благодарен,
Только, ты знаешь, до этих пор мало кому везло,
Многие ждут этого сна, в реках стоят годами,
Ждут, что пробьет зеркало вод серебряное весло.

Что оно даст? - оно все возьмет, лодка любую тяжесть
Вынесет, вывезет далеко, сложит в один мешок,
Все, чем ты стал, чем ты мог бы стать,
                              все, чем ты был однажды,
Вечную ночь, пустоту без дна, в шлепанце камешек,

Знаешь любовь? то, что до нее было, еще страшнее,
Веришь - не веришь, и не вместишь веры, но там, во сне,
Время течет молодой рекой, и в ней твое отраженье
Сильно дрожит, белой лодки ждет, знает, что едет в ней.

29 мая 2020 г.

* * *

Таточка ела кашку,
А Пугало, Пугало заглядывало в окно,
Нечасто увидишь Пугало в окно городской квартиры!
Между прочим, пятый этаж.
Таточка, ты боишься?
Нет, я жую.

А зеркало, как не зеркало,
А раствор каких-то злобных кислот,
Что-то они не отражают, а растворяют.
Раствор Пугала в зеркале
Не то, что вы бы хотели к завтраку,
А ты, Таточка?
Я ем кашку.

Кашка бугристая, дыбится несладким рельефом,
Шепчет свистяще и дышит хрипло.
Таточка улыбается.
Может быть, она Снежная Королева,
Точнее, что-то вроде личинки, пока не такой и снежной,
Может быть, она робот,
Смонтированный, чтобы править миром,
Да, Таточка?

Вот и умница.
Ложечку за Шиву,
Ложечку за Брахму,
Ложечку за Вишну,
Ложечку за Кали и ее смертоносные космические лучи,
Ложечку за хранящее нас магнитное поле Земли.

30 мая 2020 г.

* * *

Какие-то планеты в ряд,
Вахтер играет на свирели,
В саду рабочие деревья
Многоэтажно говорят

И кажется, что нет моста
Между тобой и нашим домом,
Разлито время, по-простому,
И жизнь, наверно, прожита,

Я все равно иду гулять,
Но не с пластмассовой собакой,
С трубой: посмотришь в окуляр,
И все вокруг покрыто мраком,

И жизнь окрестная темна,
Как у прохожего пальто,
Прохожий - пьяный кобель, что
Уже кричит ему жена,

Но с ним танцуют все деревья,
Они пьяны, а он хитер,
Он просит, чтоб ему вахтер
Сыграл дверелью на петлерье:

- Играй, вахтерушка! - тот мост,
Как будто пагубой, губя
Изгибами - он просто рос,
Но кажется, что нет тебя.

1 июня 2020 г.

* * *

Помнишь, как оно начиналось - не завязка, не фабула,
Небеса были никакого цвета, и больше ничего не было,
Не листы, только дерево, плыло по дереву яблоко,
Наливное, как пуля или ядовитая ягода.

Мы с колдунами не нравимся конунгу Олаву,
Верой чужой до кровавых когтей увлеченному,
Катятся яблоком белые, черные головы,
Солнце садилось, и Федор рыл ход к Фомичевым, но

Снова не то, это лодка туманом опутана,
Мы здесь сидим много лет, никакого движения,
Рыбы подводные, люди, подобные женщинам,
Нежные, прямо из неба растущие трупами,

Пища червей и богов молодых, не знакомых нам,
Мы все равно неподвижны, заедем за Одином,
С дерева снимем, поскольку настигнет сегодня
Нас конунг Олав, и в лодку покатятся головы,

Так, шар за шаром, за яблоком красное яблоко
Всходят светила, толкутся, торгуясь на площади,
Небо укрыто холстами, как ткацкая фабрика
После пожара, погрома и прочего, прочего.

3 июня 2020 г.

* * *

Мне не нужна тарелка, похожая на шляпу,
Ботинки, как лошадиные головы,
И сморчки этих пуговиц с куртки оборваны,
И сердитая леди ругает меня растяпой.

Я не хочу одеваться, я не могу отличить
Ночную рубашку от всего остального,
Можно пойти в магазин, по пути потерять ключи,
Но к чему это делать снова и снова?

Дорогие радиослушатели, не позднее, чем завтра
Вы проснетесь в совершенно новой Вселенной,
Где Буратино мечтает стать настоящим поленом
И на завтрак богам подают астронавта,

Потому что долго, дорогие радиослушатели,
Нам сводило скулы при взгляде на ваши рожи,
Потому что вы давно этого заслуживаете
За привычку говорить и делать одно и то же,

И межзвездный сквозняк под неслышные всхлипы молитв
Оборвет занавески атмосферного шелка,
Двери каждой квартиры дрогнут, как лист любви,
И фонтаном частиц разлетится в пространство защелка.

7 июня 2020 г.

Сусанна и старцы

Живут старики на реке, как в пруду,
Есть рыба на леске, гештальт на меду,
Есть орден в петлице, мечта нумизмата,
А сзади полощется знамя заката,
Кричат канарейки из штаба "ура",
Окончен парад, расходиться пора.

А что ж - разойдутся, ступая ногами,
Кто это, Сусанна? прощай, дорогая,
Пускай ты нагая, в том нету беды,
Подобные казусы нам до Писанья
Священного, в древности, под небесами
Встречались и были нагие, как ты,

Такие, что в нашей душе расчищают
Себе много места, чтобы въехать с вещами,
И тянут, как будто какую резину,
Мол, то за окошко, а это в корзину,
А это мы спрячем за ставнем одним,
А это портретом моим заслоним.

Нет, это уж слишком: дремотно и тесно,
Прощай, дорогая! Дорога известна,
Где медные трубы, где груди в меду,
Где совести нету, а если найду,
Где жабы грудные, крупны, гологруды,
До одури дуют в медовые трубы,
О чем это? что здесь? Огонь да вода,
И рады бы помнить, да память не та.

8 июня 2020 г.

Превращение

Оборотню дурно от блеска собственных глаз,
Он всю жизнь как будто написан начерно,
Так стрела видит только внутренность колчана,
Но освобождает приказ.

Запах лунного света приходит быстрей,
Чем удар о сетчатку серебряного луча,
О своем рассудке ты забудешь сейчас,
Как инвалид забывает о костыле,

Когда любовь тянет его за загривок,
Жалкое тело вспарывает клыком,
Шел позвоночник прямо, но лучше криво,
Свернутая пружина себя распрямит легко.

Голод, в кокон свернутый, разбуди,
Дай ему раскрыть крылья ярости,
Прочь старые вены, растоптанные пути,
Дай чужим артериям прорасти,

На губах металл, и этот холодный свет,
Бьет с оттяжкой лозы соленое серебро,
"Что сильнее любви?" - ребру говорит ребро,
Кроме любви, в мире ничего нет.

9 июня 2020 г.

* * *

Отчего небезразличны ей мундиры,
След от пули или орден винтовой,
Бестолковая лиса, царица мира,
Где не дружат, а враждуют с головой?

Есть такие, что позвать - не обернется,
"Стой, прохожий" - а сама куда-то вбок,
По судьбе ее проехали колеса,
В обороты затянули на восток,

Быт - чудовище дверное, избяное,
Ты его привычкой к страсти не проймешь,
Не кусает, не ревет, а только ноет,
Лижет печень, а язык его, как нож.

Не люблю, люблю, сама себе ромашка,
Эполеты с менуэтами вразброд,
А верблюд уже в трясине дышит тяжко
И колеса завершают оборот.

16 июня 2020 г.

* * *

Позабудут друзья или поверят наговорам
Глупой кукушки, и жадной, а все-таки милой,
Память отправится в черные клавиши, за город,
Где египтяне из мумий растут по могилам,

Грядка за грядкой, послушай, из маленькой лейки
Столько воды разольется за двадцать столетий,
Но фараоны не плачут, и ты не жалей их,
Время придет, и они тебя не пожалеют,

Время придет из высокого узкого терема,
Где рычаги с шестеренками разноразмерны
Пробуют прочность сцеплений своих птолемеевых
И никогда не довольны ответом, наверно,

Вечно брюзжат; может, в город? границы отечества
Стали туманом, но видимость разрешена,
Сглажены тени, но ты не суди опрометчиво:
Город на месте, и смерть, как свобода, страшна.

16 июня 2020 г.

* * *

Мы встретимся снова каким-нибудь солнечным днем,
В какой-нибудь иней, в какой-нибудь хруст ледяной
Поверхности луж, даже, может быть, и не со мной,
Довольно и вас: там, где вы - адрес, улица, дом.

Мы встретимся снова, и даже, быть может, впервые,
Какая нам разница, если есть вишни в цвету
И бабочки злые, служебные, сторожевые
На башнях воздушных, как будто на грядках, растут,

Мы встретимся, или не встретимся, может быть, снова,
Конечно, обидно, какой-то каприз пустоты,
И по закоулкам броди недопетое слово,
Цепляйся к прохожим в аккордах, затертых до дыр,

С заточкой в углу, как шпана, подзаборная рифма,
Жди фраера или в словарь возвращайся назад,
Не плачь, крановщица, ты станешь гетерой Коринфа,
И бабочки, как эфемерной охраны отряд.

21 июня 2020 г.

* * *

В четверг стихия задела краем соседний город,
Курильщик видел, но ничего не понял с балкона,
Кровельщик понял, но руки связаны договором:
У крыши свищ, у слуховых окон глаукома,

Болезни ветра он держит в сердце огромным списком,
Что свернут в ком, но, как ежик, может колоть углами,
Сойти с артерий, пройти тропинками - путь неблизкий,
Трубы затянут в круг утомительных глоссолалий,

Решится он, не решится - никто не знает,
Кровельщик сядет у края крыши, уронит руки,
Темнеет небо, тревога носится между нами
Неслышным звуком, теперь мы больше не слышим звуки.

7 июля 2020 г.

* * *

В камине трескаются камни
И телескоп, как лепесток,
И столбик градусника странный
Куда-то цифры поволок,

Слова теряют оболочку,
Трепещут в воздухе пестро,
И между полосатых строчек
Дрожит живое серебро.

Вплывает доктор в тапках-лодках,
В лодчонках мама и сестра,
Где градусник под мышкой воткнут,
Им не хватает серебра,

Им на диване не сидится,
Меж листьев света им темно,
На ветках молний, словно птицы,
Щебечут, вылетев в окно,

Ведь всякий здесь снял с сердца камень,
Планету из него создал,
И воду делает в стакане
Из белых докторских зеркал.

8 июля 2020 г., 2023 г.

Частушки духовные

В небе ангел из угла в угол мечется:
"Что затеяло мое человечество?"
Ангелица ждет высиживать яйца,
Но никак одно с другим не сопоставляется.

Дьявол крутит бородой в преисподней:
"Что за грех у них в чести на сегодня?
Адских мне кругов не хватит, колец моих,
Не иначе, обновлять мне коллекцию."

Диоген укрыт корытом, от туристов прячется,
Вон Оккам стоит небритый, Кант кукушкою в часах,
Под солярными крестами кто-то возится:
Девки злоупотребляют спермогнозисом,

Человечеству культура причиняет только стыд,
Нотой ре колоратура по веревочке бежит,
И, картавая, на входе достает из-под полы
Пропуск: вместо фото морды глаз огня, Звезда Полынь.

10 июля 2020 г.

* * *

Г. К.

Они встречались в непригодных
Местах для этих встреч вдвоем,
В садах поэзии народной,
В дому ее, в гробу ее.
Она четвероногая кокетка,
То жаркая, то смятая постель,
В нем рыцарь скачет сквозь метель,
Когда включается в розетку.

Скажи мне, Люся - Люсю отвлекли
Фонарные пропорции теней,
Она мне ничего не нарисует,
Листок огня теряется вдали,
Не отличу лису я от косули,
Насос или сосна, неясно мне.

Когда поэты пишут про слова,
Стихи и лайки, кажется, в фейсбуке,
Их надо убивать, ты, милая права,
Ты нежная, а ночь колышется едва
Подолом шелковым - что, лучше им на руки
Наматывать кишки? Нет, оторвать сперва?
Они растут прилежно, как трава,
Ладони и из них такие штуки.

Я тоже часто вспоминаю,
Как в кухне загорелся газ,
А ты кастрюлями, больная
И пьяная, с врагом дралась.
Тот враг, как все, в тебя влюбленный,
Дав чувствам ход, разбил окно,
И весь январский, как в кино,
К нам снег ворвался раскаленный.

Четыре месяца у нас
Вертелась маленькая вьюга,
Курился дым, к окну клонясь,
И мы не видели друг друга.
Потом весна настала или лето,
Не помню, да оно и все равно нам,
Лишь в памяти моей осталась эта
Дыра в окне, не пережив ремонта,

Но знаешь, если я и не дышу,
Когда твое лицо прозрачной пленкой
Затягивает лужи, лед ведь ломкий,
Мне снится, как Москва замкадышу,
То озеро в огне, точнее, то стекло,
И холодно вдвойне, а все-таки светло,
Стоит топор на воздухе в дыму
И в битве нет пощады никому.

14 июля 2020 г.

Развенчание специизма

В чаше пламени скачут три грации,
Но лежит человек недвижим
И не смеет уже домогаться
Он ни женщин вокруг, ни мужчин,

Бесполезно глядеть в эти очи
Хищных бабочек и паучих,
Стало тихо в березовой рощице,
Только слышно, как сердце стучит.

Вся природа к нему подступает,
Все цветы, что тогда не сорвал,
И в глазах, как с экрана, читает
Подчиненной березы права,

Человек был зверей угнетатель,
Насекомых владетельный князь,
Подходил он к березе без платья
И ее обнимал не спросясь,

А она трепетала, немея,
Беззащитна в своей белизне,
С облаками шептались каменья,
Усмехаясь, жалели о ней.

Наливался стыдом каждый атом,
День краснел, и краснела земля:
Человек, всех миров соглядатай,
Отойди, не гляди на меня!

Спрячь подальше свой принцип антропный,
Что ты точишь его, как топор,
Ты не ходишь звериными тропами,
Не способен к строительству нор,

Не умеешь светиться таинственно,
Видеть быструю мышь в темноте,
Паутину тянуть из единственной
Бородавки в твоем животе!

Человек, все поняв, отступается,
Скромно прячет свое естество,
И природа зеленые пальцы
Разжимает, жалея его.

16 июля 2020 г.

Как тот, кто влюблен

Б. Г.

Железный или сине-белый,
Для электричества чужой,
Стоял фонарь перегорелый,
Как сопалатник над душой.
Капустница - так звали насекомое -
Летала и не ела ничего,
Искала, видимо, какого-то знакомого,
Но под столами не было его.

Подростки-девушки не ведали любви,
А просто обсуждали отношения,
Смотрели хмуро с разных половин
Стакан с вином, бутылка длинношеяя,
Хотели звона слез, пустого дна -
Не тот размах, другие времена.

Свобода воли - это тоже временно,
С годами станешь жить, как смотрят сон,
Но поступает, как тот, кто влюблен,
Кумир сторожевого поколения:
Пусть борода до пят и череп лыс,
Любовь придет, откуда ни возьмись,
Ты сам ее накликал, борода,
День Серебра настал, уходишь? - Да! -
И в страшный свет откроется портал.

Но, может быть, достаточно дождя,
Ведь столики теперь стоят на улице,
Читатель ждет уж рифмы "скотокурица" -
Гидрокорова думает, свистя,
Когда она целуется с кротом,
Ничтожным, но имеющим запасы,
Полголовы откусывая сразу
Не знающим пощады гидрортом.

19 июля 2020 г.

* * *

Куклу звали Алевтина,
Долговязую, с красною рожею,
От нее несло валокордином
И ее сторонились прохожие,

Да не кукла, дырявое пугало,
Эй, солома, на углях горящая,
Разувай-ка глаза свои круглые,
Начинается жизнь настоящая,

Мировые пожары, как платьица,
Примеряет веселая улица,
Гад Деникин в могиле зажмурится,
И никто уже с нами не справится.

Алевтина понимает из этого мало,
Она помнит большую-большую реку,
Круглую, без конца и начала,
В лодке крупного человека.

Что есть смерть - в колеснице катание,
Вагонетка, вперед уносящая,
Пустота на границе сознания
Настоящая.

Если ты кукла с веревочными коленями,
Позабытая, платье в пятнах,
Только жизнь вызывает недоумение,
Смерть понятна.

Ты дружила с девочкой, лучше которой нет,
Эту книгу пролистывай,
Эта девочка в семьдесят с лишним лет
Умерла от сердечного приступа,

И теперь ты знаешь, куда ведет эта улица,
Где прохожие мечутся,
В атмосферной трубе на ветру балуется
Дым отечества.

21 июля 2020 г.

* * *

Если ты уже договорил про любовь,
Если покончил со смертью, все пять литров крови
Сдал лаборантке, как только ты будешь готов,
Жми эту кнопку, мы душные окна откроем.

Ты улыбаешься дерзко на слове "вокзал":
Дерево гибких скамеек, рука билетерши
И в колокольне гортани сквозь воздух замерзший
Лязг объявлений, как нож гильотины сказал.

Вот два обола, и чай нам несет проводник,
Стали зеркальными душные окна вагона,
Буква за буквой в дверях женский образ возник
С бланком таможни из недр пиджака голубого.

23 июля 2020 г.

* * *

Шел дождь. Громилы мыли морг.
Коту хорош и шорох уток.
Мы роботы - какой восторг!
Тире, две точки, промежуток.

Ты там, ты женщиной живешь,
Как дочь Дюймовочки, с кротами,
Сняла браслет, не носишь брошь
И дырка в ухе зарастает.

Я шлю тебе открытки, письма,
Две телеграммы, бандероль,
Я не могу тебя осмыслить,
Я, древних роботов король.

Мне эта жизнь такой запомнится:
Ты, непонятная уму,
И механическое солнце,
Как будто зеркало во тьму.

25 июля 2020 г.

* * *

На зеленую улицу, на парад твоих сочленений
Волокли отказника - он попробовал сдать билет -
Насекомые люди, до самой до площади Ленина:
Ничего, что он мертвый, пощады предателю нет.

Мы испортим костюм, мы лишим его экзоскелета,
Мы найдем его душу, которая очень пищит,
Молодая, без жвал и без ножек, запряталась где-то,
Без очков не видать, что за зеркалом сердце стучит.

Мы найдем его душу, споем для нее или спляшем,
Почитаем ей в рифму, пока не заморим совсем,
Почитаем без рифмы, добьем пасторальным пейзажем,
Ляжем жирной любовью поверх кровеносных систем.

Раз не хочет быть нашей, ничьей ей не быть! - и не будет,
И на площади Ленина троп муравьиный разброд,
Жир ночных отпечатков на мокрой луне, как на блюде,
Вроде, цифры с билета, но кто их теперь разберет.

1 августа 2020 г.

Список необходимых вещей

Что ты возьмешь с собой на необитаемый остров?
В мире так много необходимых вещей,
Если их оставить, возможно, сердце вообще
Не захочет действовать: разорвется.

Муха между двух стекол оконных рам
(Как они туда попадают, это так трудно),
Грохот, будто квадратных, колес с утра,
Полностью обнаженная Рудова,

Бумажные книги, которые уже никогда,
Сочленения железнодорожных составов,
Граждане объявлений сквозь медный рупор, и да -
Звери и господа, звери вы, господа вы,

Мазафака, полузапретные негры (ниггеры запрещены),
Нелепая гибель Сапфо из-за матроса,
Алиса в Стране Ментов, танго "Шаг Альбатроса",
Невыносимая резкость контрастов черной весны,

Необитаемый остров и его население,
Гуттаперчивые пальцы девочки, мертвой давно,
Кружево школьных воротничков, воздух
                          и в воздухе пение,
Море, количество рыб, соль и подводное дно.

3 августа 2020 г.

Стихи в альбом лысой куклы Карины

Книга 14. Стихи в альбом лысой куклы Карины

* * *

Улица Рябиновая, шоссе Можайское,
Автобус свернет туда, где круглей земля,
И вот он дает мощного кругаля
Так, что материки разъезжаются.

Время от времени меняются магнитные полюса,
В этом нет ничего удивительного,
Вчера вежливость требовала на слове ловить ее,
А сегодня это уже нельзя,

Что ты кривишься, ведь я говорю об удаче,
Линия ее бедер леденит скрипичным ключом,
Скользя по коже ладоней, и то, что случится дальше,
Будет с другими, мы уже ни при чем,

Так, привыкая к тому, что под черным гранитом
Ты уже не сердишься, не смеешься,
Солнце лезет в руки, как неумытый еж,
Непричесанным и от бешенства не привитым.

10 сентября 2020 г.

Стихи в альбом лысой куклы Карины

* * *

Боги вещей - им самим тяжело, некогда нам помочь,
Недосмотришь, и болен диван,
                     метастазы в каркасе торшера,
Мокнет крыша от горя снаружи, и белого неба ломоть
Прилагается к зеркалу - как ты в нем похорошела,

Но греми не греми невозможным твоим серебром,
Раскаляющим воздух у самых узлов стратосферы,
Я не вижу изломанных линий, не слушаю гром,
Я не помню лица, я его принимаю на веру,

Затмевая луну, на балконе, на узких полях
Цилиндрических шляп, как расколотый блик семафора,
На случайных вещах на мгновенье задержится взгляд
И бесправные боги очнутся, прервав разговоры,

У дивана ангина, и кашляет письменный стол,
Лихорадит утюг и посуда страдает мигренью,
И погодный прогноз, перебитый дрянным колдовством,
Грубым крошевом градин ложится к тебе на колени,

И на губы растений, на обмороки насекомого
Не хватает ни слов, ни улыбок, ни вздохов огня,
Жемчугами туманов, озер полированным оловом
Ты вернешь этот долг и опять заберешь у меня.

11 сентября 2020 г.

Проблемы передачи информации

Марочка, я тут вышел на улицу,
Думал поссать или, может, подышать воздухом,
Да нет! Ну, пару пива! Говорят, день Баварии,
Так я взял Жигулей, на Баварию денег не было,
Марочка, ну что ты уже завелась,
Я так боюсь, что прервется связь!

Так вот, ты только послушай, какая херь:
Думал поссать, заворачиваю за угол,
А на меня идет - нет, слушай, ты верь, не верь -
Нет! Не та блядь! Другая, и уши у нее загнуты,
И как она затрубит в свой... в свою... в свое...
Нет, Маруля, я вовсе не у нее!
В том-то и дело - не знаю, где...
          что? нет, мне это не снится,
Вокруг душистые травы и разноцветные птицы,

Но иногда поднимается пыль, и музыка, вся в пыли,
Забивается в уши, вымазывается серой,
Марочка, ведь и я у тебя не первый,
Да... и какая-то гниль лезет из-под земли,
А впереди то ли большой индус сидит в позе лотоса,
То ли лиса в чалме, в сетях своего габитуса,
Волосы твои гладкие, соли твои солодкие
Держат меня, и мне из сетей не вырваться.

Марочка, что такое любовь, я не знаю,
Но я думаю о тебе и чувствую близость,
Оттого мне жаль, что я тебя забываю,
Память вроде чалмы и нам бесполезна, лисам,
Пыль меня моет, музыка кормит смыслами,
Лотос, утомляя мышцы, освобождает,
Буквы твоего имени выросли и повисли
В ласковом космосе с круглыми животами,
Каждая - целый рой обгорелых бабочек-слов,
Слабых, сквозь смертный мрак слетевшихся на любовь.

11 сентября 2020 г.

* * *

Рабочий трудится на фабрике,
Изготовляя отчуждение,
И блики прыгают, как зяблики,
И ласточками пляшут тени их.

На безымянном и пластмассовом,
Полезном или бесполезном нам,
Ползущим с превосходством расовым
По-над живородящей бездною.

Мы дети смрадных лет России, но
Лишь друг для друга будем разными:
Наивной простотою сильными
Или в виду у смерти праздными,

Ведь всякий, кто родился наново,
С нуля считает мир, на горе нам:
Царь Сталин, яблоко Адамово,
Все это древняя история,

Фактура сдвинется, расклеится,
Покроется словами-язвами;
Давай, обратная перцепция,
Пупки бродячие развязывай,

Из всех мотивов только Мурка,
Грех первородного вокала,
И смерти заводское жало,
И Ангел, робот демиурга.

16 сентября 2020 г.

* * *

Вижу тебя и слышу твой голос,
Стена мешает дотронуться,
Знаешь, есть человек, в нем открывается полость,
Бывший резонатор для голоса,
Теплый на ощупь, потом остыл,
Потом когда-нибудь, с какой-нито высоты,
Небольшой во сне, не измеряемой мерами,
Камерами, механикоэлектрическими химерами,
Взглянет не так чтоб усердно, вполсилы,
Лепестком незабудки прижало к земле,
Колокольной очередью прибило,
Быть зиме.

Ничего, сейчас мы заедем в рожу
Говорящим "жизнь продолжается",
Мухи дохнут от вашей жалости,
Пойдем прохожими
По пустым виноградникам, вдоль разрушенной пропасти,
Мимо сломанных рек, продрогших огней заката,
Ты оставил их, для чего им теперь расти?
Они ведь не виноваты.

Раньше я любила белое
Только вопреки его белизне,
Ян ушел раз, ушел два, и я еду на север,
Чтобы ночь была ночью, а день был днем,
Чтобы страшные пели мне
Ледяные, серебряные, на дне
Оседлавшие карусели,
Населившие воздух и водоем
Радионяни. Прием.

Есть вариант проснуться и выпить чаю,
Доктор, как всегда, пропишет, что надо,
Мой читатель уйдет на фронт и узнает,
Как всегда, то, что оставит меня далеко позади,
Дети успели вырасти,
И достаточно взгляда,
Колокольной очереди,
Ослепительно белого дня впереди.

25 сентября 2020 г.

Мисс Морган

Мисс стоит у порога, стоит у порога.
Ее кофточка вязаная, петли знают, как взять узор,
Ученица вязала, таких мастериц немного,
Не бывает таких? - si fait, vous avez raison,

Мисс слегка по-французски, совсем небольшую каплю,
Спеть про братца Якова, всхлипнуть, а фер-то ке,
В этой страшной жизни мисс от радости плакала,
Улыбалась боли, доверяла коту в мешке,

Каждой осенью листья называют ее по имени
Перед тем, как сорваться с ветхого черенка,
Без холста и кисти рисует ее рука,
Здесь, в лесу, я не знаю, о чем говорить с другими,

Прием, я Пола Норрис, архитектор из Ливерпуля,
Ни разу в жизни не начертивший ровного чертежа,
Только пальцем в небе ломаную ковша,
Скоро десять лет, как Вы умерли.

Но ведь я иду по улице, как по улице,
Я сворачиваю на голую землю и иду по голой земле,
Желтый и красный, все еще зелен лес,
Луч сквозь лист - как Вы, никто не умеет жмуриться.

Между всех цветов, mein Herz, vergiss mein nicht,
Мисс предпочитала бледные незабудки,
Лепестки, как губки, голубые бородки,
Стать землей, чтоб цветы из нее росли,

В последние месяцы, в свои последние месяцы
Мисс уже не могла выходить из дома,
Она тогда жила в странном месте,
В Америке, в жарком климате все по-другому,

Стихи в альбом лысой куклы Карины

Там другие цветы, иначе они растут,
Больше света, земля жирнее, дожди обильней,
Лепестки красней, как красной трубы раструб,
И большие бабочки там раскрывают крылья.

Мисс хватало силы еще подойти к порогу -
Стив услышит, и Шейла, она не примет за шутку,
В месяце целых тридцать дней, это много,
У ее крыльца выросли незабудки.

Я не удивилась, услышав это по телефону,
Почему нет? ведь им не нужно билета,
Прошептать океану: прими семена, как волны,
Мы с тобой одной крови, не вздумай забыть об этом,

Не забудь, не забудь, не смешная ли штука память,
Разве мысли не как цветы населяют землю,
Разрешите войти, растечься росой, растаять
Голубым или желтым, как краска листа, как зелень.

4 октября 2020 г.

Пропажа

Черепаха Тортила выводит свой пруд на орбиту,
Мокрый, с крупными пятнами суши, в форме геоида,
С кислородно-азотной неведомой пленкой какой-то,
Где-то в каменной памяти милая молодость скрыта.

Сколько было огня, сколько ярости, сколько терпения,
А теперь все равно, словно все это было не нужно,
Поросло астероидной пылью, бродячим репейником,
Разнотрубчатым кабелем и рукотворным оружием.

И как будто сквозь сон вспоминается странная встреча,
Очертания мутные словно всплывают из тины,
Деревянная штучка, игрушка или человечек,
Рвется ткань мирозданья, как будто холсты для картины,

Что он взял у нее? Эта музыка больше не строит,
Механизм разболтался, никак не сомкнутся орбиты,
И в кротовые норы чуть не угодила ногою,
Пробираясь сквозь память, где милая молодость скрыта.

То ли право на смерть, то ли личного "я" средоточье,
То ли ропот сверчка под ребром отсыревшей каморки,
То ли трех астероидов ороговевшие корки,
То ли длинное имя, которое стало короче.

10 октября 2020 г.

* * *

Он роет глубокую землю, и камень, и трубы,
И ржавые зубы железной сквозной арматуры,
И к ценным в глазах археолога глиняным урнам
Физический труд языком обращается грубым.

В земле получается очень глубокая яма,
А рядом гора, переплавленный временем мусор,
Лопата выносит руду, напрягается мускул,
Внизу застывает горячая пена, как мрамор.

И вот наконец возникает воронка, как ухо,
У ямы на дне, и тогда он лопату бросает,
Он видит, как плотью края у воронки набухли,
Встает на колени, касается дна волосами,

Он слышит густое дыхание яростной бездны,
Артерии смрада, подземные адские тропы,
Узлами скользят под землей их сульфурные тромбы,
И страх здесь напрасен, и даже грехи бесполезны.

И вот, припадая губами к горячей воронке,
Он так говорит - и артерии ходят под кожей:
"Я знаю, Ты слышишь мой голос, глухой или громкий,
Внизу подо мной Твое сердце горящее, Боже,

Ты нас поделил на Твоих неофилов, Твоих неофобов,
Беспечных одних и других простоватых и грозных,
И вот мы проходим по кругу, кто в гроб, кто из гроба,
От Слова рождается или колеблется воздух,

И как это больно - но что мы здесь знаем о боли,
Как бабочка пьет сладковатый нектар перед смертью,
И чувствует старость, как сладость, и ласково меркнут
Тревожные краски, и красное, как голубое,

Не помню, как звали любимую в мире придонном,
У нас имена иероглифы, стебли и корни,
Она хороша без меня, и все так же проворно
Свои ожерелья плетет из железобетона,

Мы не были вместе, мы даже друг друга не знаем,
Мы славно живем здесь, в безжалостном мире без правил,
За тысячи верст, никогда не встречаясь глазами,
Мы чувствуем правду, мы верим, что Ты нас оставил,

Что бездны откликнутся гулко, свирепо и грозно,
Обрушат на грудь непомерного времени тяжесть…" -
Гора рассыпается, в яме закончился воздух,
И вот уже нет никаких изменений в пейзаже.

10 октября 2020 г.

* * *

Кто-то чужой во сне - то ли дверью ошибся, то ли
Зашел передать: добра не прощают,
Но у нас не любят незваных гостей,
Отношения с Внутренней Монголией
Мы прервали, с Белой Индией связи уже не те,
Какие были тогда, вначале.

Пограничник заносит лезвие пустоты,
Взрыв пробуждения, ветхозаветная на стене,
Выбранная отцом, ровно висит чеканка,
Он у меня из простых пролетариев мысли, солдат мечты,
Бил пятьсот, прошел на роль Тарзана на кастинге,
С дедом-доктором мерились почерками,

У кого неразборчивей, но я разбираю оба,
Каллиграфия моего сердца сохнет в деревянном шкафу,
Всех бумаг на два мужских деревянных гроба,
Хорошее дерево держит нас на плаву,
Я пройду по Рудневке-реке, выйду к Кожухову,
И не нужно мне предлагать коробок.

Но в такие дни идешь посуху, как по морю,
Невозможные пестрые листья волнует ветер,
А кормушка для рыб крысами взята с бою,
Хоть тепло, но все же не так, как летом,
И сырой сквозняк, как партия для гобоя,
Вдруг сжимает сердце, как будто чужое горе.

Не отвертишься, эта музыка будет: в любом оркестре
Есть сквозная тема, слепое пятно для взгляда,
И когда инструменты начинают работать вместе,
Абсолютный холод топчется рядом,
Мы-то дома здесь, на рельсах зимнего поезда,
А незваному гостю боязно.

15 октября 2020 г.

* * *

Профессор лежит - ой, ребятушки,
Лежит и вспоминает стеклянный шар,
У жены в волосах трупик ландыша,
Губы - полосатая яшма.

Профессор лежит - ой вы, девицы, ой вы, красные,
Сверху пацаны делят его добро,
На свободу рвутся мысли разнообразные,
Матушка Урания подсовывает перо.

А чернила чистый рубин, огненный камень,
В жидком состоянии пенится и клокочет,
Небо затягивается телячьим пергаментом,
Ставим прочерк.

И как будто в мозге открылся чугунный люк,
И прозрачны мысли для света лазерного,
Чистый жемчуг слова сквозь петли букв,
Не задерживаясь, проскальзывает.

Профессор лежит - ой, студенточки, чулки в сеточку,
Пальчики сирень, ушки жимолость, -
Подставляет под каблучки сердце им,
Как при жизни.

19 октября 2020 г.

Стихи в альбом лысой куклы Карины

* * *

Ее появлению предшествовала музыкальная тема,
Похожая на тень, которую события отбрасывают назад,
На запах неподъемного столетнего тома,
Слипаются страницы, это клей или яд,
Или слабость пальцев, но, приближая развязку,
Память жгучего воска расплавит краску.

Как-то раз она населила сердитой рыбой
Городской воздух - это был северный город,
Хладнокровный город с глазами морских химер,
Рыба шла косяком, на крейсере били рынду,
И как только мы вышли, чтобы увидеть мир,
Ледяное течение хлынуло нам за ворот.

А потом подсохшую пыль глотали десятки лет,
За бетонными стенами прятались в ящиках быта,
С городскими химерами, розовыми на просвет,
Говорили на диалектах канцелярита.

Как ни странно, мы все еще узнаем друг друга
По отпечатку плавника на радужке глаза,
По отзвуку эха из подреберных сводов,
Когда имя читают губы и пишут руки -
Словно шорох бритвенного надреза
И миндальный, лиственный вкус свободы.

12 ноября 2020 г., 2023 г.

* * *

И. Д.

Когда кот умер, он снова родился,
У него были еще дела,
Но судьба немного ошиблась дверью -
Такие просчеты случаются у котов.
Кот попал к чужим людям,

Причем, в соответствии с процедурой, он стал котенком,
Родился маленьким,
Не поправишь.

Что же ты, кот, ай-да кот,
В твоей шерсти прячется электричество,
А вот жил еще грек по имени Геродот
Между смешным и величественным.

Когда кот родился и стал котенком,
Он пошел искать одного человека,
Вошел в дверь, кивнул товарищам,
Которые еще не умерли и не родились,
Но за ним пришли,
Забрали назад.

Что же ты, кот, ай-да кот,
Мысли в крошево, человек вчера бражничал,
Этот корм другой, этот дом не тот,
Огромная тетя хочет казаться барышней.

Когда кот котенком забрел от соседей,
Человек поднял на него глаза, полные смерти,
Трудно понять, чего он боялся,
Ведь пылесос был заперт в своем шкафу,
Но пока что разговор не сложился,
Ничего, в другой раз.

Что ж ты, кот, ай-да-кот,
Не откладывай, вдруг человек умрет,
Тетя-глыба фыркает или плачет,
Тяжело с людьми, у них все иначе.

16 ноября 2020 г.

* * *

Перо павлина - павлина, мой друг!
Изумруд его тайны, черный турмалин ее по краям,
Бирюзовый глаз ее с темной радугой!
О, это оружие в умелых руках,
Как веер красавицы,
Как переплет книги Багир,
Как трость с ручной змеей под перчаткой мастера.

Не кривись, не вороти носа, мой друг,
Твое зрение во власти грубых вещей,
Ты видишь пестрое там, где играет черное с черным.
Ты устал от жизни, но разве ты подготовлен
К волшебным хрипам друг друга пожирающих бездн,
К высоким и низким нотам оркестра
На страшном празднике смерти?

Послушай, друг, раз мы с тобой повстречались
В этом грубом мире, где тень серебра тяжелей свинца,
Где ажурное совершенство веера
Не свободно от крупной мясной красавицы,
Где к перу павлина - о, где я найду для него слова -
Всегда и, поверь моему опыту, неизбежно
Приложен павлин,

У маслянистых потоков времени,
Напоминающего мне грубую крестьянскую нефть,
Остановись, послушай совета -
Это флейта, она, заливаясь веселой болью,
Берет верные ноты верных трезвучий,
Это совет:
Стань пером, которому не нужен павлин,
Стань серебром, не тусклеющим по краям,
Перед тем, как переступить этот страшный порог,
Стань свободным.

17 ноября 2020 г.

* * *

Сдобное тамбовское солнце,
Собравшееся из сдобных испарений тамбовской земли,
Сменяется недоброй тамбовской луной,
Из своих лежбищ выходят мои товарищи.
Не облезли ли их рулевые хвосты,
Не слишком ли мучат их паразиты,
Достаточно ли они обнаглели за зиму,
Чтобы напасть на случайных,
            отбившихся от человечьей стаи прохожих?
За бетонными стенами,
В уютном конверте из обогретого воздуха
Я чувствую каждое сокращение мышц,
Сужение круглого зрачка,
Напряженье гортани.
Они начинают песню,
Хорошо понимая морозный воздух,
И здесь, в этом душном конверте,
Я не нахожу слов.

Одного за другим я теряю друзей,
Умерших от гриппа,
Отупевших от славы,
Осатаневших от благочестия,
Но никто не сумеет утратить товарищей,
С детства знакомых, веселых и страшных товарищей,
Товарищей прокурора, товарищей замполитов,
Примкнувших к ним, обнаживших клыки товарищей,
Рано или поздно они придут за тобой,
Кроме тех, кто остался в Тамбове

Делать свое голодное дело,
Петь свою голодную песню
Под недоброй тамбовской луной.
Удивительная зима,
Полная врачебных приборов,
И снег, как мальчик без шапки.

3 декабря 2020 г.

* * *

Баночка, спой мне, как град разбивает стекло,
А то мы здесь погоды давно никакой не видали,
Здесь любовники следуют в шкаф, покидая альков,
Даже муж им не нужен, и нет интереса в скандале.

Я пишу письмо в гарем одного падишаха,
Молодой наложнице, луноликой и в остальном
Подходящей ему - о лофорина, о росомаха! -
Я катаю ногой деревянный лимон под столом,

Дорогая ханум, здесь убийцы идут на работу,
Недовольны начальством, с похмелья и в ссоре с женой,
И без праздника в сердце с трудом убивают кого-то,
И не знают, когда приключится у них выходной,

Не для них расцветают в гаремах горячие розы
И не им после смерти обещано небытие,
Незнакомые улицы из алкогольных психозов
Заполняют их жизни, как пыж забивают в ружье,

Дорогая ханум, мое сердце лежит в черепках
Возле загнутой туфли, расшитой рубиновой краской,
Над щекой, меж ресниц,
                страшен блеск стеклореза алмазный,
Полоснет по живому, и будет доволен Аллах -

Но стекло слишком тонко, и нам здесь достаточно града,
Как замерзшие слезы сквозь горе идут напролом,
Как фарфоровый ангел, смущенный картинами ада,
Иней пишет на окнах своим беспощадным пером.

23 декабря 2020 г.

* * *

Пишут из гнусавого далека
Бычьей кровью из запасов мясника,
Буквы скачут, сводится рука
Страхом оговора и упрека.

И не спрашивай, по ком звонят из прошлого
Все гудки советских городов:
Принимайте мертвого, хорошего,
На руки в рукав без берегов,

Снеговую шубу заворачивай,
Закатай Крестовую губу
И не плачь: снеговики не плачут,
Просто исчезают на бегу,

Нет, в расход выходят по приказу,
На погонах в небе много звезд,
Кто-то жирный, кто-то синеглазый
Им с утра подарочки принес,

Почернели окна в канцелярии,
На дежурство вышли облака,
Пишут из Южлага, с Заполярья,
Пишет Кама, темная река,

Пишут вздохом, воздухом оборванным
И в бутылку замертво кладут,
Будущее пробкой, костью в горле нам,
На волнах качается сосуд.

29 декабря 2020 г.

Встреча

Антон шел по улице, и навстречу ему, да, навстречу
Выскочила собака, да, большая собака,
У нее был очень, очень опасный вид.
Но Антон сразу нашелся, нашелся сразу,
Антон сказал ей заветное слово,
И у собаки стал очень приятный вид,
Да, дружелюбный собачий, хороший вид.

Они вместе пошли по трамвайным рельсам,
Но трамваев не было, ни одного трамвая
Не было, как пропали, вышли и не вернулись,
Как будто их съели злые трамвайные волки,
Голодные волки в дремучем трамвайном депо.
(Но это было не так: они заблудились,
Просто вышли из дома и сразу вернулись обратно,
Просто решили: сегодня оставим рельсы пустыми,
Да, оставим пустыми, и не пришли.)

Эта собака большая, вроде мастифа,
Как зубаста она! Как хвостата, четеронога,
Большая удача встретить такую собаку
На пустых трамвайных рельсах в заброшенном городке.
Раньше-то это был большой город,
Но пока они шли да шли, все изменилось,
Новый год наступил, и только поставил лапу,
Как отдернул ее и повернул назад.

Этот Антон был неплохой парень,
Понимающий парень - звали его Антон -
С этим парнем шла его друг собака,
Как ее звали? как след огня на радужке глаза,
Как разрез от киля, вскрывшего озерную гладь,
Чья внутренность полна рыб,
Как снег, застрявший в меховинках капюшона,
Как отзвук эха в хвосте аккорда,
Когда кончается, да, кончается, но не только,
Когда, сбросив лишнее на крутом повороте,
Начинается жизнь.

4 января 2021 г.

* * *

Когда деревья растут корнями назад
И волшебные сказки будят только усталость,
Бабушка ищет карман и расправляет халат,
В шелестящих крыльях кармана не оказалось.

От тянь-шаньской рябины московскому дубу привет,
Обжигая прохожим глаза невозможной расветкой,
Все же помнит о нем после стольких разрозненных лет,
Пусть он спит, пусть трещат в пальцах льда оголенные ветки.

Мак лелеет свой опиум, вишня - свой рубленый ритм
Полувальса с отточьем цианистого dance macabre,
А рябина, себя не жалея, встречает декабрь,
Обжигает сквозь холод, на крыльях халата горит.

Снега здесь не бывает - быть может, заглянет раз в год,
В нем находит укор и грустит перелетная птица,
Белый лебедь-кликун прячет голову, если стыдится,
Видит сны о зиме, никогда не выходит на лед.

Бабушка улыбается, в сердце вьюга,
Намело целый город, над ним навесные мосты,
И деревья, укрытые снегом, не видя друг друга,
Тянут воду со льдом и не знают своей красоты.

8 января 2021 г.

***

Дед Мороз, разочаровавшись в революционном движении,
Не кладет больше бомбы под елку,
Не ласкает ни снегурочек, ни оленей.
В больших сапогах отмеривая сажени,
Он шагает на запад, к холодным камням Похъелы,
Лучше умереть стоя, чем жить на коленях.

Холод щекочет ноздри медленным тлением.

Дети не верят, они шлют письмо за письмом:
Дедушка, сделай так, чтоб наша школа сгорела,
Чтоб детский сад со столовой пустили на слом -
Карандашом по бумаге и по асфальту мелом.

Только один взгляд прощальный через плечо -
Как они без меня? Хозяин зимы не плачет,
Только предательски ярки острого льда алмазы,
Дети разумом сердца ведут расчет,
Не променяют свободу на безопасность.

Неотвратим яд надежды, жестоко лицо удачи.

Руки крестом на груди, стоит и смотрит вперед
Снегурочка, у нее лицо бога и лицо зверя,
Хмель ледяных ночей и горьких сомнений мед -
Больше в Деда Мороза она не верит.

12 января 2021 г.

* * *

Он хватал ее за руки, умирать оставалось недолго,
Что ей делать с ним рядом? и падало на пол шитье,
Шляпка ретро для внучки
            с цветочно-фруктовой наколкой,
Кружевная завеса у выхода в небытие.

"Помнишь осень, ковровая бомбардировка заката,
Наши парни в окопах у окон возводят курок -
Нет, вишневая шаль под углом горизонта примята,
И на плечи к тебе опустился ее уголок,

Помнишь, город у моря в скользящей воде перевернут,
Если б мы жили в нем, то гуляли бы вниз головой,
Там у нас бы завелся пригожий подводный ребенок,
Шевелил бы луну, как большой поплавок под водой."

Она видит: в нем печень, как будто разбитая лодка,
Обрастает неведомой порослью на берегу,
К ней сердитые крабы подходят на ножках коротких,
Отщипнут по кусочку и боком под воду бегут.

Он не может смеяться, ему не хватает дыханья,
У нее уже кончились слезы в дорожном мешке,
Луч встревоженной лампы играет на ребрах в стакане
И луны поплавок поднимается белым меж век.

13 января 2021 г.

* * *

В центре иллюминация пишет золотом
                    по воздушному серебру,
Упираются в бок луне кружевные светодиоды,
Умри, говорят, ты сегодня, а я, мол, завтра умру,
Катись, говорят, ты отсюда, какие приливы, что ты,
Не тяни на себя ледяные асфальты наших дворов,
Грудастые купола не лапай за позолоту,
А не то наши бомбы покрошат тебя в творог, -
Но луна не уходит, как будто бы ждет кого-то.

Чуть заглянет поземка, пытаясь затеять ветер,
Затеряется в улицах, позабудет, как звать ее,
Проскользнет сквозняком между камерой и распятием,
В сапогах дежурного стопчется на рассвете,
Чуть добавит влаги к печати его следа,
Пропадет, не вернется - а кто ее звал сюда?

Брызнуть веером вихря, вдоль каменных стен скользя,
На окраинах можно, а в центре уже нельзя.

- Мама, мне снится поэт Смирнов в неглиже!
- Ну и что, дорогая, восемнадцать тебе уже,
Смотри спокойно,
Надоест - отвернешься, что же,
Дай им срок, и набьют оскомину
Эти все воровские рожи
На глазных зубах
Где-то в полости рта:

Нам сны разума
Их рождают всегда.

Девка-пагуба
В колготках мимо окон,
Дрогнет радуга,
Прижмет к асфальту ОМОН,
Не якшайся с этими
На исходе недели,
Лучше, чтоб не заметили,
Протестуй у меня в постели,
Эти девки с окраины
Зыркнут глазом и душу вынут,
Центровые не рады им,
Не тот климат.

Дорогая, прошло сто лет, это было сто лет назад,
Как стояли тогда дома - по-другому они стоят,
По-другому мерзнут цветы, перья снега не так плывут,
Камни стен, даже если те, отражают иначе звук.
Но я вижу, как пляшут в твоих глазах тени прошлого,
Эхо вязнет здесь в воздухе - это просто не те слова,
Те пока подо льдом лежат, белой небылью запорошены,
И не знает своих городских имен, и не помнит себя Москва.

28 января 2021 г.

* * *

Мне снится один оловянный революционный матрос.
Вокруг пустота, под ногами бумажная палуба,
Из всех голосов перекличка заржавленных звезд
Под старой водой, отражения живших когда-либо.

Молчит из пластмассы игрушечный наш телефон,
Сигнал не пройдет, электричество щелкнет бессвязно,
Как танго фонарных теней выметается вон
Бичами рассветов стальных, розоватых и грязных.

Лицо у матроса - решетку предавший металл,
Потрачено олово временем и алкоголем,
Он не виноват, он от вахты бессменной устал,
И нас не сменяют, и тронута ржавчиной воля,

Бумага могла бы размокнуть, но держит пока,
Веселой отравой бежит ручеек водосточный,
Дай руку, товарищ, сегодня уж наверняка
Мы врежемся в скалы, и сроки проклятия кончатся.

29 января 2021 г.

* * *

Мусоргский провел одну ночь на Лысой горе,
Приобрел полтора септ-аккорда изысканных хворей,
А по зеркалу вод катит лед, словно ртуть в серебре,
И случайные лица, как будто осадок в растворе.

Топчет ребра кирзовый сапог популярных гармоник,
Вспышки синестезии вскрывают сетчатку с изнанки,
Лучше жить под шприцами
            случайно блуждающих молний,
Ослепляющих, как острие веретенца Ананке,

Лучше пить нехорошую или хорошую водку,
Горечь хлебного сердца занюхивать бархатом гнева,
Архитектор свой пряничный домик раскрошит животным,
Мокнет пряничный крест за оградой, от входа налево,

А любовь, а душевная или телесная близость,
Как в зеленом стекле, расплываются красные те, кто
Говорил, как грешил - кавалер, сократите репризы,
Тренировка окончена, в небо ушел архитектор.

Ну а что ж, если б даже при жизни ее и сыграли?
Не взбрыкни дирижер, не сорвися с губы богохульство,
Неизвестно куда утащили бы черти в финале
Под свинцовый аккорд, соразмерный с ударами пульса.

6 февраля 2021 г.

* * *

Анапеста стоны, ореховый клекот хорея,
Бряцанье центонов по тесным истоптанным тропам,
Цветы расцветают, огнем и железом ржавея,
Не знаешь названий, так будь осторожен, не трогай,

Я вижу все хуже, и я не могу отличить
Директора кладбища от глухаря в полушубке,
Я в жалобной книге пишу, прилетели грачи,
Нельзя ли нам без колокольного звона, прошу вас,

Я слышу, как дворники стаей снимаются с крыш,
Как сторож ложится под куст и становится волком,
В метро контролерские морды от крови мокры,
Бывалый бухгалтер плывет ледоколом по Волге,

Конечно, я чувствую прошлое через стекло,
Оно проступает рельефом сквозь грани стакана,
Но сторож стал волком, и где я другого достану,
И звон колокольный, как смертью язык обожгло.

11 февраля 2021 г.

* * *

Тогда мы жили в деревянном доме
За крошечным бревенчатым забором.
Никто еще не умер, даже птицы
И черепахи были навсегда,
И человек, он был совсем никто мне,
Входил, как будто клацая затвором,
И принимался сразу же сердиться,
И убывал в другие города.

Тогда большими были расстоянья,
Разлука - окончательным решеньем,
Как смерть; любовь была простая штука,
Как у цветка простые лепестки,
Они завянут, сердце это знает,
И оттого прочерчены нежнее
На папиросном воздухе, как будто
Пером, как продолжением руки.

Так от меня сбежала обезьянка,
Хотя она была со мной счастливой,
Фарфоровой, с усердной головою,
Кивающей на шейном стебельке.
Теперь ее, кивающую пьяным,
Шарманщик угощает черным пивом,
Он крутит руль, его шарманка воет
И крантик цедит кровь по капельке.

Тогда мы шли игрушечной дорогой
И в кукольном борделе забавлялись,
Но эпидемия аллотропии
Скосила в ноль наш оловянный полк,
И бабушка сказала мне, не трогай
Прибитый на обойном одеяле
Тот деревянный домик: полный пыли,
Он хрупкий был, и он сломаться мог.

15 февраля 2021 г.

* * *

Кате Ноткиной

Ни в Красную Армию, ни в Староингерманландский полк,
Только дальше и дальше по белой стеклянной воде,
Гром замерз по дороге на север и в небе умолк,
Отогреется разве в Михайловке, в Караганде,

Я тебе напишу, когда он доберется сюда,
Полушалки цыганок подхватит, как пестрые флаги
Неизвестной страны, чьи полки, соскользнувши со льда,
На правах сквозняка разбивают здесь в сумерках лагерь.

Ты умеешь читать, разбирая мой шифр по складам,
На крыле почтальона в короткую ночь возвращаться,
Но не примешь всерьез отголоски победных реляций,
Скажешь - оттепель, и уголком завернешь календарь,

Вспомнишь мост-перемост, в тесноте жуковитый автобус,
Из окна внедорожника машут, свистят шофера,
Мы им нравимся, вот и свистят, ливень, как из ведра,
Внедорожная нежность гуляет из области в область,

Ну а нам ни в Красную Армию, ни в Староингерманландский
Полк, полегший от старости на пенсионном пайке,
Просто мы едем в гости, и лодки плывут по реке,
И пейзажи за окнами скоро начнут повторяться.

21 февраля 2021 г.

* * *

Боги Сахары рассыпаются желтой пылью,
Желтое небо оплодотворяет Рейн.
Люди когда-то не были или были,
Желтый зрачок безразлично сверху смотрел.

Что же теперь - вернутся ли лорелеи,
Вырастут ли крокодилы в большой реке?
Джунгли Сахары факелами горели,
Горькими буквами, спрятанными в песке.

Память, как призрак, эхо большого эха,
Блик отражений ряби песчаных волн,
Между эпох в песках пролегла прореха,
Вместо истории полосы ничего.

Как далеко до обжитого Нила,
Как высоко до матери всех богов,
И секретарь, посыпая песком чернила,
Из Роттердама движется в Дюссельдорф.

25 февраля 2021 г.

* * *

В лабиринтах возможного
Заблудиться пришлось пареньку,
Сколько мук нам положено,
Знают птицы на том берегу,
Знают мокрые зяблики,
На крыле обходя водоем,
Почему нам нельзя доплыть,
Почему мы плывем.

Карту рвет стрелка компаса
На проклятие двух половин,
Им слипаться и комкаться,
Паренек остается один,
Без обеда печальные
Разрезают соленую тьму
Две акулы песчаные,
Набиваясь в подруги к нему.

Остров, в море затерянный,
Город, сплющенный между светил,
Люди или растения
Без надежды, как птицы без крыл,
"Не жалей для нас малости!" -
Вся молитва, но скажет им Бог:
"Ничего не осталось вам,
Сгинул мой паренек."

7 марта 2021 г.

* * *

Нельзя говорить "утомлен, устал":
Найдут, подберут ключи.
Негладко читается жизнь с листа
И медленно ночь звучит.

Как будто в чалме утонувший турок,
Город под снегом нем,
Точат древесную архитектуру
Термиты чужих фонем.

Страстные роли шили на вырост,
Теперь расползаются швы,
Мать повторенья срывает с выи
Ягоды головы

И, утопая в тропах по пояс,
Шелестит ледяным дождем:
Сдвинем суставы, станем, как поезд,
С мостов и с рельсов сойдем,

Разве не так, исчерпавши тему,
Трубы гортаней вдоль надломив,
Мимо листа пробегает тремолом,
Узкоколейкой, локомотив?

16 марта 2021 г.

Стихи в альбом лысой куклы Карины

* * *

На завалинке холодно старую жизнь вспоминать,
Старичок ей про Канта, а бабка стыдит его Гегелем,
Ничего с нами не было, только у черта свидетелем
Заработал бельмо, только ноет больная спина,

Только в лодке над вечностью, вязкой, как нефть - и обратно,
Знаешь, с кем, знаешь, где, имена вяжут рот кислотой,
Как прозрачна любовь, как страшна неживой красотой,
Как неровно лежат на луне менструальные пятна.

Гордость белкой по кругу, стеклянные залежи льда,
Ледокол стал на якорь, бунтует в котлах его атом -
Это можно понять, с этим каждый столкнулся когда-то,
Ведь по кубкам сердец перегретая кровь разлита.

Городские подходят живые косматые голуби,
Бабка станет кормить их, как женщины кормят врагов,
Чьим настырным курлыканьем трели пернатых оболганы,
Чья жестокая глупость им напоминает любовь.

17 марта 2021 г.

* * *

Т. М.

Татьяна подходит к рыбе с одной и с другой стороны.
Мертвая рыба хитра. Татьяна хочет быть смелой,
Голодной, как чайка с мускулами спины.
Мертвая рыба раскинулась мертвым телом.

Губы шевелятся: "Имя тебе треска,
Заклинаю тебя процессом денатурации
Животного твоего, перекрученного белка.
Не смотри на меня и не вздумай теперь смеяться.

Я заклинаю тебя и мое имя Татьяна,
Ты молчишь и вареная, твоя стихия вода,
Ты поводишь хвостом развязно, и без стыда
Размножаешься в океанах.

Пробуди во мне чувство голода!
Удели твоих витаминов,
Ядовитое золото
Фосфора в мой рот опрокинув."

Татьяна подходит к рыбе, имя ее треска,
Солнце к окну с другой стороны подходит,
Пучит желтый глаз, таращится свысока,
Шевелит плавником и развязно хвостом поводит.

20 марта 2021 г., 2023 г.

Стихи в альбом лысой куклы Карины

* * *

Сын пишет ему, и буквы складываются в кусты,
Пускай зима, но тени листьев уже шумят,
Не садясь, заводит немые акафисты
Маленькое солнце, и планеты за ним стоят.

Сын пишет ему; как ручной узор по булату,
Закругляются резкие контуры облаков,
Позади луна взошла и идет обратно,
Как в ладонь к сыну яблоко.

Круглые сутки у выщерблин циферблата
Ожидай почтальонку - что задержит на этот раз?
От контролеров она прячет свои билеты
В мышечной сумке сердца под свитером.

Сын пишет ему острием рассветного лезвия
По влюбленным стеклам, развернутым на восток,
Мол, дружу с крапивой, мол, зарастаю вереском,
Не клади на камень чужой цветок.

Сын пишет ему дорожками по винилу,
Родственной серой по мягкому серебру.
Он ищет пульс - почтальонка не приходила,
Выйду на почту, сам письмо заберу.

21 марта 2021 г.

* * *

В полночь просыпаются разведчики Иного,
Трогают за бороду железного коня,
Подползает на руках жалобное слово,
Плесенью, как тайными веригами звеня.

Не дразни меня, родная, репу нежности не парь,
Спрячь пары спиртного мая, затвори свой календарь,
Нет тебя, ты не со мною, сердце трезвое болит,
Лишь стучит в ушах Иное, малахит об малахит.

Все отдам за память взгляда, как глаза меняют цвет,
Ничего тебе не надо, ничего у меня нет,
Только камень коридора, только отблеск головни,
Корку сумрака простого, разрывая, разверни,

Лодки ходят по морю на хвосте у рыбы,
В две луны обернуты, следа не возьмешь,
Добежать до берега мы с тобой могли бы
По русалочьим хвостам водяных вельмож,

Только нет тебя, здесь повсюду ты,
В два весла рубя зеркало воды,
Бритвой поперек строя пенных вен
По губам плеснет девятая ступень.

13 апреля 2021 г.

* * *

Карина была лысая кукла,
Волосы вместе с черной вуалью съезжали с нее, как парик.
Под вздернутым носиком немного кривилась губа,
Крошечный рот, вишневый с сиренью.

Безразлично глядя прямо перед собой,
Все же она слегка презирала
Насекомых, особенно мух, за нечистоплотность,
Пса за игривость,
Людей потому, что не могут решить, чего же они хотят,
Луну за то, что она бестолковый фонарь,
Бога за недостаток галантности,
И только кудри толстого пупса Макса
Подключали блеск к радужке ее глаз,
Угрюмый тусклый огнь желанья,
Эрнестина фон Пфеффель, баронесса Дернберг
Напоминала ее лицом.

Нашим куклам, с которыми мы играли,
Она приходилась двоюродной теткой -
Родителей у них не было.
Погруженные в благородное таинство игры,
Все дети хотят быть сиротами,
Ведь тогда все приключения им открыты,
Все опасности мира только для них.

Есть лишь немного вещей,
С которыми невозможно смириться:
Смерть любимых,
Глупость или ошибка предательства,
Пошлость поэзии,
Недостаток галантности,
Невыносимая прелесть луны,
Хотя по меркам даже одной Вселенной
Она всего лишь бестолковый карманный фонарь,
И то, что куклы больше не носят черных вуалей,
Даже если густые черные волосы
Съезжают с них, как парик.

15 апреля 2021 г.

Номера машины времени

Книга 15. Номера машины времени

* * *

Дома, копаясь в хламе, Анатолий находит
Связку ключей разных размеров, ржавых в коробке
Или блестящих, скрипичных, басовых навроде,
С острой бородкой и с зубчатой сложной бородкой.

Вертит в руках - от чего этот? этот откуда? -
Словно бы водопроводный царь, демон гаражный,
Шепчет ему в отражениях мокрого блюда:
"То, чего в жизни не знаешь,
                    вернешься домой и отдашь мне!"

То, чего в жизни не знаешь, забудешь, забыто,
Ящички в памяти, кажется, насмерть заело,
След неустроенного полуночного быта,
Лунный огонь серебром пробегает сквозь тело,

Что же так ноет в груди недовольное сердце,
Щемит и щемит, о том, чего в жизни не знаешь,
Тихо горюет - щелчок, это скрипнула дверца,
Не аортальный ли клапан закрылся за нами,

Нет, ничего, из коробки ключи Анатолий
Вынул и держит, и связку вращает по кругу,
Буквы на них, словно кто-то расставил бемоли,
Звякнут металлом, слегка ударяясь друг в друга.

24 апреля 2021 г.

* * *

Случай их свел на деревянных мостках
Заброшенной пристани, на задворках эпохи.
Проходили круги по воде впопыхах,
И дела были плохи,

Как всегда, когда деньги кончаются до получки,
Воздух от голода казался прозрачно-синим,
И контрасты как будто слегка подкручены,
Очертания где острее, а где красивей.

И бутылка водки на своем языке простом
Звала в магазин, на солнце сверкала брюхом,
Шевелилась, сама просилась в рукав пальто.
Он был в трениках, она в брюках.

Что такое любовь? Это когда без закуски
На голодный желудок, отопление отключено,
В батарее водопроводная музыка
Чешет гаммами, как в кино,

Ее взгляд растворяет стекло, и тогда снаружи
Голый воздух врывается в горло пятого этажа,
Привкус смерти перламутровый и жемчужный
И немного метиловый двигает кровь не спеша.

29 апреля 2021 г.

Вопросы веры

Он верил в Бога, как в друга, который, конечно, может
Отбить жену - а для чего на свете друзья? -
Быть на прогулке рядом, ну то есть, в том же
Семантическом поле, если вы знаете, о чем я,

Слышите, да? Я повторять не стану,
Скоро уже, скоро моя остановка,
Микрорайонами в окнах мелькают страны,
У светлячков неоновая основа,

Здесь, в пустоте троллейбусного салона,
Я говорю с гопотой мозговых окраин,
Под окоем сознанья, где вязнет слово,
Я проникаю мысленными дворами,

Свист и насмешки, томный бесстыдный лепет,
Тычется в горло финка сквозных метафор,
Доктор меня не лечит - лепила лепит,
Вижу бродячий свет шириной в октаву,

Мне выходить, поднимая вопросы веры,
Отодвигая потных дверей ладони,
Быстрый мираж касается глазомера,
Ягоды пульса россыпью на перроне,

Он верил в Бога, как в случайную встречу -
Шмара бухая или, зеркал загадка,
Шелестом шелка заполонивши вечер,
В слове творенья дивная опечатка.

3 мая 2021 г.

* * *

Г. Н.

Гузель оглядывается и говорит огорченно,
Какая, весна, говорит - медленная в этом году,
Листья растут назад, как время жизни крадут,
Голы кусты и руки деревьев черны,
Воздух слегка резиновый, как у шара внутри,
Тихо слова звучат, слабо свеча горит.

Тополь стоит, обижен. Вокруг него
Скачут тугие молекулы кислорода,
Как виноградины вокруг логова
Робкого зверя единорога,
Когда лоза к нему послушно в руки идет,
Чтоб он свой дом заплел, в зелени спрятал вход.

Ловкой ладошкой маленького листа
Тополь ей машет, дескать, иди сюда,
С тополем много хлопот, но это мы припомним ему потом,
Гузель обходит древний забор, на котором все забывает
Подправить последнюю букву - получилась кривая -
И становится рядом с копеечным, а листом.

Вот так надо делать! - и Гузель делает так,
Совершая и завершая смену сезона,
Полы ее плаща хлопают, как вода,
Делают два крыла зеленых на ветках черных,
А Гузель гортанно кричит, поднимая клюв,
И забор ей в три буквы вторит люблю, люблю.

5 мая 2021 г.

* * *

Два раза пришел день его рожденья,
Тот срок, за который маленькая любовь
                    отпускает нас на свободу,
Так, что воздух больше не состоит
                    из сухих перепончатокрылых
Мертвых надежд, и очертания ночи
Больше не режут глазное дно.

И вот сирень уже на подходе,
Почти ничего не видно в окно роддома,
Красивое лицо женщины
                и рядом с шеей маленький сверток,
Что там внутри, неизвестно.
Я хочу стать шулером, я хочу передернуть карту,
Пальцы непослушные, как во сне.

Когда-то мы жили и были,
Жили и без тебя,
Мы играли в нечистую силу,
Бумажные водяные были в трусах с кирпичиком
(Олицетворявшим принадлежность к нечистой силе)
И обязательно с шишкой на голове.
Русалки были красавицы,
Расово чистые, с волосами до пят,
Волосы утопленниц были короче,
Они были свежая кровь.

Глупо было надеяться,
Любовь не проходит,
Это как поздняя весна, асфодели в цвету,
Я не люблю фотографий.
Конечно, можно работать со смертью,
Сестра говорит - проклятая семейка,
Поминает беднягу Маркеса недобрым словом,

Не слишком добрым.
Но детям так страшно,
Когда начинаешь работать со смертью,
Играть со смертью, пить чай со смертью,
Боишься всего живого.

Как хорошо, что бывают дети,
Не у нас, конечно, а где-то рядом,
Которые не боятся,
И все равно живут.

8 мая 2021 г.

* * *

Уж лежит на комоде, как вервие полосатое,
Когда вырастет, станет гадюкой или шнурком,
Женский голос из водопровода выходит с надсадою,
Как из милого прошлого, с жалобой прямо в партком.

Эта жалобщица неужели не станет счастливой?
Невозможная яблоня, как безвозвратны цветы,
Государыня груша и Ваше Величество слива,
Пощадите, кто сдался на милость такой красоты,

Мы любили, и мы - но ни слова, ни мокрого вздоха,
Клятвы верности здесь ветер-мусорщик прячет в мешок,
Бесконечный контракт, он подписан и снова расторгнут,
Нежность режет нам кожу, и кровь над закатной межой,

Мы как дети, а дети всегда очарованы смертью,
Не потерянный рай, просто дверца в другие миры,
Где всегда медвежонок и мальчик, и звезды не меркнут,
Смотрят, хитро сощурясь, глаза их как камеры,

Я люблю, я паук, подступает моя паучиха
С волосками на брюхе, и кругом идет голова,
Как ведет она в танце, как яды в ней варятся лихо,
Как она голодна, до чего каждым жестом права.

20 мая 2021 г.

* * *

У соловья головка, как чернильница каллиграфа,
Ворон неразборчив во всем, как готический шрифт,
Пьяный орнитолог стоит у входа в канаву,
Призывает подруг, насвистывая мотив,

Но они летят к своим соловьям, сумасшедшим треском
Одолевшим лес, лишь с яблони лепестки
Льнут к широким плечам, оставайся,
                    мол, знаем, ты местный,
Проникай вниз корнями, бутоны свои распусти,

Не силен я в ботанике, он отвечает, но с вами,
Прехорошие барышни, вам я коллега во всем,
Я забрел из соседнего царства, соседский козел,
Но я слышал, что розы целуются и с соловьями,

Стыдно будет тому, кто подумает дурно о нашем
Мимолетном романе - терпи, если разумом беден,
Глупый критик, по гланды любви
                    растворенный в пейзаже,
Электронный крысеныш из звездчатых гнезд википедий,

Орнитолог и как таковой я легко предсказуем,
Поскользнусь я и ебнусь, сказав нецензурное слово,
В эту длинную яму, и долгая ночь, поцелуем
Встретив там, приголубит меня, как любого другого.

Ночью вполоборота луна, и военные птицы,
Соловей, канареечка, пташечка вышли парадом,
Орнитологу слава, что с честью успел приводниться,
И соседское царство над ним рассыпает награды.

21 мая 2021 г.

Ясно и неясно

Говорили "вырастешь, поймешь",
Но что-то пока ничего не ясно,
Хотя мы уже скоро станем расти назад, вниз.

Конечно, кое-что все-таки прояснилось
Но не совсем то, что они обещали:
Стали понятны могилы и зачем на них приходить,
Что саморазрушение может наскучить,
Что ненависть есть разновидность mania grandiosa
Или способ ухаживания в говорящей толпе,
Где не видишь дальше собственного отражения
В зеркале неравномерно нагретого воздуха,
Но веришь, что где-то должны быть женщины,
Как следы Гекаты в вязком человечьем болоте,
Исчезающие не сразу.

Ну и, конечно, стало понятно,
Да и как это могло быть не ясно сразу,
Что наше короткое "я" случайность, ошибка,
Которой не повторить.

22 мая 2021 г.

* * *

Двое на переднем сиденьи рассматривают альбом:
"Это твоя девушка?" - "Нет, это отец героя," -
Незнакомое время, Питер, Рим или Троя,
Взвод бравых химер у входа в знакомый дом.

"Наши девушки растут, как полевые цветы,
Дышат бензином, наливаются красным раствором
Гексацианоферратов и холодом лун рукотворных,
Предпочитают чекистов, паяльником грез завитых." -

"Просто ты слишком робкий, посмотри хотя бы на эту,
Люба или Оксана, почти вертикальный зрачок,
Тронь ее за плечо: не хотите отдаться поэту? -
Нет, сперва за колено, и только потом за плечо," -

"Это можно в провинции, в жарком фокстроте проулков,
Там как будто бы Мексика и девятнадцатый век,
Здесь, в столице, ни плеч, ни колен, здесь колена округлы
У случайных маршрутов, и в них одинок человек."

Я их слушаю, я в старой Битце маньяком служу,
На довольствии только, а жалованья кот наплакал,
Хоть мой пояс не сходится, брюхо торчит зодиаком -
Не мешает в работе и служит опорой ножу,

И сползаясь ко мне нефтяными туманами ночи,
Просочившись сквозь сердце, Оксана и Люба во сне
Улыбаются мне, я краснею - такое бормочут,
Потому что здесь каждый по-своему служит весне.

25 мая 2021 г.

* * *

Плывет корабль, шелестят его паруса
И шуршат веревки бандаловым волокном,
Море поцарапанным зеркалом кажется,
Луна в облаках - зашторенное окно.

В трюме корабля стоят двенадцать гробов
(Бумаги в порядке), в них важный груз для науки,
Ром на столе, в желудке мир и любовь,
И нипочем матросам такие штуки.

Новое утро, и в кубрике лихорадка,
Трое больных, к полудню уже три трупа,
Кожа на пальцах съежилась, как перчатка,
Быстро темнеет, и соль разъедает губы.

Страх гуляет по палубе, как в деревянном доме,
Сумасшедшей нянькой хватает за ворот,
Трогает лоб холодной скользкой ладонью,
Жарко и зябко, хочется к рыбам за борт.

Капитан переворачивает страницу,
Бортовой журнал вот-вот оборвется,
Мертвецу у штурвала пора смениться,
Капитан смотрит в небо, не видя солнца,

А Люси у окна, ослепительно белым лбом
Прижимаясь к стеклу, как последнего в жизни бала,
Ждет, как зубы на белом горле сомкнет любовь,
Осыпая к ногам лепестки бортовых журналов.

1 июля 2021 г.

* * *

Зверь разумный и бессмертный
Служит Богу шестикрылый,
Крутит трубы многомерны,
На парад ведет светилы,

Ангел, ангел! к сердцу крови
Приливай, как будто в чашу,
Волоокие, коровьи
Девять глаз раскрой престрашно,

Твой короткий тихий шепот
Разрушает стены зданий,
Эхо камня в чреве гротов
Переходит в ропот дальний,

Хищный клекот ураганов,
Треск твердыни твердей твердых,
Воздух, полный труб органных,
Пробуждающий и мертвых.

7 июля 2021 г.

* * *

Магнитным компасом ведом,
Как рельсы под водой,
Морской жираф, скользящий дом,
Идет корабль чудной,

И пена, ярче и белей,
Чем кружево на льду,
И лица мертвые друзей,
Матросов на борту.

Им хорошо или никак,
Никак или легко,
Крыло намокло, как рукав,
И слишком быстрый ход,

Вот-вот нагонишь, и опять
Дистанция растет,
И дрожи в мышцах не унять,
И слишком быстрый ход.

И рыбы, острые, как нож,
Играют в толще вод,
И воздух скользкий, не пройдешь,
И слишком быстрый ход.

Твой взгляд, как арбалетный вздох,
Свинцовый, как аккорд
Из оружейной мастерской,
И слишком быстрый ход,

И от удара нужно падать
Во мраке, где не видно рук,
И если сделать все, как надо,
То спустят шлюпку, сбросят круг,

Но лихорадка отпускает;
Матрос в крылатом кимоно,
Нет - бабочка, взмахнув руками,
Сквозь воздух вылетит в окно.

19 июля 2021 г.

* * *

Голос, как блюдце, надтреснутый
Застарелыми радиоволнами пришепетывает,
Не спускайся без лифтов, без лестниц ты,
Не шути ты с высокими нотами,

Как шиповник бельишечко тонкое
Треплет влажное, бабочкой мятое,
Как хихикают сосны девчонками
И смолкают, давясь ароматами,

Как любовь нарастает безадресно,
Рваным вихрем уносит сознание,
У столетьица юбочка задрана,
Слой земли обнажает развалины,

Одуванчик, от ветра клонящийся,
Север мира, разбойничье логово
Крепких льдов, замороженных ящеров,
Соответствия звуков нестрогого,

Нежность ночи с закатной расцветкою,
Не проснешься, проснешься, все засветло.
И грибница материи ветхая
Так беспомощно трогает за сердце.

22 июля 2021 г.

* * *

Сидят за столом Федор с Иваном,
Решают, что считать оптическим обманом:
Из корзины мира, оплаченной в лавке заранее,
Лезут неприглядные куски мироздания.
Иван пыжится, розовые очки уже цвета вишни,
Как не замечать то, что пахнет и слышно?
Brutal gardeners don't comply and never listen to politicians.
Федор мироздание считает излишним.

В тесной кладовке гарпии и кентавры,
Ариадна пляшет с головой минотавра,
Раньше они были совсем другими,
Но пришел Гомер, и что сталось с ними?
Это будни постмодерна
В переполненном подвале,
Это то, за что примерно
Деды греков воевали,
Входит моя милая,
Все шесть рук пускает в ход,
Хвать, и сердце вынула,
Чавкает и пьет.

23 июля 2021 г.

* * *

Когда прошлое станет извилистым настоящим,
Шаг, и по колено в лисьей норе,
Перед тем, как сложат в фанерный ящик,
Поведут изучать рельеф.

Подготовить пересказ козы-дерезы:
Жили козы с козлами, ныряли в норы,
Подпускали дезы или строили каверзы,
Как гнездо, вили разговоры,

Потому что рядом прошла серьезная птица,
Голова знакомая, ноги невелики,
Как тебе ходится, как тебе и летится,
Как тебе щебечется от тоски?

Стань ты птица, березой-ясенем,
Да меня, козла, в огород пусти,
Ряскою цветет море ярости,
Встал туман над болотом ясности.

Если кто заглянет теперь в глаза -
Ай, за линзами темь заглазная -
Силы нет былой, возражать нельзя,
Улыбайся и не отказывайся.

26 июля 2021 г.

* * *

Остановится поезд, такая уж, ведомо, станция,
И вино за плечами объемлющим звякнет стеклом,
И мелка на перроне рассыпчатый цвет померанцевый,
И вокзал, как большого скворца недостроенный дом.

Взвизги ветра и скрипы, и дребезг несмазанных петель
Пробираются внутрь, как козлиные песни БГ,
Спотыкаясь о воздух, и страшно заходит в пике
Стрекоза-истребитель, но ты ведь приехал за этим.

Сам подумай, не лучше ли было движением ловким
Тронуть стрелки часов, расписаний, железных мостов,
Чтоб железнодорожный слегка прокрутить часослов,
Чтобы станцию поезд проследовал без остановки?

Ведь помогут друзья и жену разогреет сосед,
Неплохая карьера, и многому жизнь научила,
Иногда собираться, хоть вечно кого-нибудь нет,
Есть что вспомнить под водку и шелесты ретро-винила.

Но уж вышел так вышел; хоть стой,
                                хоть катись колобком,
Воздух легкие вынет, сквозняк задохнется от стона,
Лопнет личное "я", как чужой недостроенный дом,
Бывшей жизни осталось полшага, до края перрона.

8 августа 2021 г.

* * *

Гумберт Гумберт идет по темному коридору -
Как он попал в операторскую Хичкока?
Смерть в зеркалах флиртует с гладом и мором,
Деревянной лошади одиноко.

Каждый акт отраженья сжимает грудную клетку
В полной темноте, что же, ведь не впервой,
Смотрят в упор, с деревянною головой,
Хоть на стены лезь до конца куплета.

Где-то здесь, деревянный, сыреет и сам режиссер,
Словно хочет сказать, брось движенье
                              и стань со мной рядом,
Изомеров зеркальных друг в друге случайный раствор,
Гумберт с Гумбертом, страшный финал, и другого не надо.

Гумберт сел, Гумберт лег, Гумберт ходит
                              и Гумберт взлетел,
Зачерпнул потолок голой лысиной, толку-то, проку,
Наложение символов, рук и сцепление тел,
Нездоровая смесь, чистота и прозрачность порока.

Хоть бы кто-нибудь - червь, паучиха, мясцо древоточца?
Но отчетливо эхо, случайного шороха нет,
Коридоры с изнанки Лолиты, зеркальные прочерки,
И нельзя, как снаружи, на выдохе кончить куплет.

11 августа 2021 г.

* * *

Андрей закрывает электронную книгу,
Смотрит в окно, и в нем закатные раны
Под неровным стеклом тревожат в душе интригу,
Словно вести с маковых полей Талибана.

Он отмахивается, как от назойливых мух,
От пары-тройки юношеских идеалов,
Взявших за правило докучать ему
Из летейских вод нейронных каналов,

Где они валяются, безобразно пьяны,
Вечные студенты с бриллиантами глаз.
Как большая маковая поляна,
По следам заката земля зажглась,

Маковые мальчики пугали царя Бориса,
Расцветая всюду, куда ни посмотрит он,
Так и сталось с царской судьбой проститься,
Сделать, как тот, кто делает, как тот, кто влюблен,

А не то что вы, потрепанные, нейронные,
До куска жизни охочие геттингенцы,
Распустили слюни! ...и стекла дрожат неровные,
Мак уже отцвел, и темно на сердце.

18 августа 2021 г.

* * *

Доктор Халед аль-Асаад
Был старик и веровал в археологию,
Вел раскопки,
Говорил на пяти живых языках,
Мертвых языков знал несколько больше.
Несколько европейских стран
            предложили ему гражданство,
Но он отказался покидать Сирию.

Пятьдесят лет он работал в музее великой Пальмиры,
Древние сокровища Тадмура знал по именам, как котят.
Перед приходом боевиков Исламского Государства
Сотрудники музея спрятали их в древней земле,
Где для них было достаточно корма -
Цифр, имен и всех даров картотеки.

Доктор Халед аль-Асаад
Пятьдесят лет работал в музее великой Пальмиры
И даже несколько больше.
Он не признался под пытками,
Он не признался, когда пытки ужесточили,
Не назвал места,

Где лежат, укрытые от боевиков Исламского Государства
Древние сокровища Тадмура,
Был поставлен на колени
И обезглавлен на площади перед музеем,
Где он работал пятьдесят лет,
И даже несколько дольше.

После его изуродованное тело
Повесили на светофоре,
Светофор горел своими цветами,
Управляя движением транспортных средств.

Что такое культура? Кому нужна?
Есть цифровые изображения сокровищ Тадмура,
Есть картотека,

В конце концов,
Можно просто любить, и гораздо важнее
Чтобы свободному человеку
Не было отказано в его свободном желании
Трахнуть кого-то,
Обратить мир в прах,
Раствориться в соусах ртути и серы,
Быть востребованным в любви.

Даже шпионы, у которых
Довольно серьезная мотивация,
Если им отстреливать пальцы, один за другим,
Все вам расскажут.

Все это давно устарело
И немного забавно,
Но если вы хотите знать, что такое мужчина (устар.),
Что такое отец (устар.),
Что такое великий выбор сердца
И свободный выбор свободных профессий,
То вполне достаточно сообщения -
18 августа 2015 года
Доктор Халед аль-Асаад,
Археолог по праву рождения и смерти,
После многих, но безрезультатных пыток
Был обезглавлен на площади перед музеем,
На камнях великой Пальмиры,
На камнях Тадмура (устар.).

Есть фотография.
И странно, на ней
Он стоит на коленях в очках,
Он старик, один здесь без бороды,
После пыток вид так, не очень,
А эти очки -
Как новенькие,
Не треснуты, не разбиты.

22 августа 2021 г.

* * *

Дядя Федор бомж, так что он вечно в дороге,
Даже если он спит, и под ребрами, как грибы,
Прорастают пружины матраса, и месяц, совсем безрогий,
Колесом одиноким считает пороги судьбы.

Можно дружить с вещами: брошены, как и ты,
Они обрастают глухим отверженным эхом,
Похожим на мох, на изнанку твоей мечты,
Вывернутой навстречу неизбежным теперь прорехам.

Помнишь, как ты любил, выкладывался, как доктор,
Перед сломанной куклой из нервов и сухожилий,
Собственной тканью чинил и сшивал кого-то,
Общей кровью мешочков твоего сердца жили?

Впрочем, о чем тут думать, кукла всегда продаст,
Если встретит директора театра марионеток,
Мимо плывут годы, как города,
Кольцами на стволах, рунами короедов,

И доплывают до тех беззаботных мест,
Где выпадают звезды крупной росою в россыпь,
Не беспокойся, зайчик, Шарик тебя не съест,
Это фоторужье дает ему кот Матроскин.

23 августа 2021 г.

* * *

Как долго работал рабочий
Над пулею для Гумилева!
Кукушки в дверях полуночи
Сказали последнее слово,

Пружинки запели и сникли,
Их ранит узор микротрещин,
Жена, надовареной книгой
Уснув, захрапела зловеще,

Посуда цветов терракота
И пальцев на ней отпечатки.
Уж атомы сложены плотно,
Застыли в сумбурном порядке,

Застыли, как взводы жемчужин,
Без лишних пустот или скважин.
Свинцу тяжело быть снаружи,
Металл это слишком домашний.

Томит или мучает выбор —
Возьми же, как рыбу, за жабры
Судьбу, поплыла и спасибо,
Успел бы, плечами пожал бы.

Коснуться изнанки всей жизни
И вдруг полюбить, не желая
Ни памяти в дымной отчизне,
Ни смысла, ни ада, ни рая,

Но, может быть, взгляда оттуда,
Сквозь зеркало темной страницы,
Сквозь смерти галантное чудо,
Сквозь крик механической птицы,

Кукушка, начни-ка по новой,
Птенцом или братоубийцей,
Сквозь сердце распиской свинцовой
По зеркалу темной страницы.

27 августа 2021 г.

* * *

Марь Иванна идет по улице,
Солнце, как печеное яблоко, вот-вот выкатится на блюдо,
Дым лесных пожаров неспешно курится,
В городе предрассветно и малолюдно.

Где-то двойник Марь Иванны, тоже без особых примет,
Режет головы школьникам и уходит неузнанным,
Предается разврату, злоупотребляет арбузами,
Классный час пропускает и педсовет,

Поджигает школу, и школа горит огнем,
Языки поднимаются выше башен,
Лижут медное небо, и синим стальным литьем
Отражаются в радужке первоклашек,

Радость их сердец, дикие мыслеобразы,
Не стесненные безжалостной рефлексией!
Красным цветком расцвела на глобусе
Перенаселенная часть России.

Марь Иванна, не сбиваясь с маршрута,
Не остановима, неопалима,
В туфлю на толстой ноге обута,
Твердо ступая, проходит мимо.

Вечность стучит в висках, время летит галопом,
В фартуке память строит жизненный опыт,
В нем Марь Иванны скульптурно застывший образ
Краеугольным камнем ложится в пропасть.

4 сентября 2021 г.

* * *

Дед-лифтер спорит с бабкой во флигеле
Об обрядовой стороне религии,
Это, мол, и есть Антихрист, стара,
Вспомни, мол, Великого Инквизитора
Из сочинений сына польского барина,
А не то литвина или болгарина.

Бабка-сменщица ему - врешь, старик, через слово,
Церковь, говорит, есть Тело Христово,
Кто, мол, его не вкушает суть атеисты,
Перспективы, мол, у них неказисты,
Или пьянствовать, или винт крутить,
Амфетамины в зачерненой ложке варить,
Или накрайняк у фершала, у аптекаря
Покупать антидепрессанты и нейролептики.
Кризис, говорит, небось на всех один,
Внучкам не хватает на кокаин.

А студент, ожидая лифта и нрав имея строптивый,
Подшутить решил, стоит и жмет на кнопку звонка,
Задает вопрос так кротко, издалека:
Что вы скажете о концепте категорического императива?

От прихода наблюдателя пространство возможностей
Схлопывается до размеров пассажирского лифта.
И кряхтит старик: ахти мне, охти мне,
Вона где у меня энтот императив-то,
Бабка говорит: ты б, говорит, милок,
Не карябал на стенах химическим карандашом
Про любовь, про хуйло: если б каждый сдержаться мог,
Нам, лифтерам, было бы хорошо.

Студент в кабине ни жив, ни мертв, Бог не фраер,
Шредингер не собачий хер,
Кроме гравитации, нет ни нравственности, ни морали,
Молодежи не с кого брать пример.

9 сентября 2021 г.

* * *

Дуб смотрит во все стороны, думает обо всем,
Хорошо быть девчонками, целой гурьбой многоногой,
Топотать, хлопотать, веселиться, ходить колесом,
Встретить дерево и прислониться, руками потрогать,

Человеческим городом быть, задыхаться в пыли,
Дрожью нервных фундаментов мучиться втайне и стыдно,
Под мундиром асфальта скрывая округлость земли,
Шарить сумрак лучами своих фонарей грушевидных,

Хорошо, спору нет!.. но медлительней всходит вода
По древесным каналам, и мельче подземные реки,
И снаружи к стволу подступают кольцом холода,
Словно сон разрастается в каждом твоем человеке.

Ставший городом дуб спит под снегом и дышит ничем,
Опрокинулось небо, как в чашу, в оставленный город,
Ничего, не беда, это камень горы или горя,
Под него, под лежачий, умрет, а прорвется ручей.

17 сентября 2021 г.

* * *

Стоит печальный человек,
От горя яйца онемели,
И свистом человечьей трели
Скликает женщин и коллег.

Зачем цветет луна в бокале
Хмельного неба, и чего
Под ней ждет человечество,
Раскинув сети гениталий?

Ни дрожь железного состава,
Ни зов друзей, сошедших на
Платформу жизненного дна,
Ни сокращенье мышц сустава,

Ничто не даст ему ответ
И разрядился телефон,
В ушах стоит прощальный звон,
Как бы прямого хука след.

19 сентября 2021 г.

* * *

В социальных сетях его преследуют обрюзгшие лица
Селфимейкеров, страшные фото завтраков и обедов.
Дорогая, боюсь, что я поспешил родиться,
Ты простишь, если я уеду?

Дорогая плюшевая сова глядит не мигая,
Возражения не выдвигает, простила? простила,
Соберешься со мною? нет, пусть это будет другая,
Там ты будешь другой, - и янтарные очи закрыла.

Без нее! Без нее. Два билета, кислотная марка,
Одиночества гладкая кожа, лукавая нежность,
Приключения ждешь или, может быть, просто подарка
В этих странных местах, и серебряных, и безмятежных,

Где двумерны узоры, где жизни, как будто небывшей,
Так звенит, разбиваясь в басах, колокольное эхо,
Под гравюрным штрихом расцветают узорные вишни,
Эта роза - несчастье, а эта фиалка - помеха.

О сова моя смерть, трепещу тебя, знаю и жажду,
И навстречу тебе прохожу, раздвигая узоры
Серебристого плюша, когда же? когда-то, однажды,
Расцветай для меня, не жалей мне янтарного взора.

20 сентября 2021 г.

* * *

Аннабель Ли, ты уехала с первым поездом,
Мир не кончился, радио опять говорит с соседом
В передаче о том, как шуршат листья осенью.
Я не уеду.

Покупатели в лавке обсуждают бытовые вопросы:
Если б у тебя было охотничье ружье,
Как ломали бы дверь гебешные пидарасы,
Ты бы дал себя взять живьем?

Аннабель Ли, в окопах и под огнем
Пацифисты переводятся быстро,
И так ярко горит, что ее можно видеть днем,
Звезда мусорщиков и туристов,

И какой это грубый метафорический ветер,
Каждую нежную мысль принуждая держать подол,
Он уносит тебя, твоим сердцем, как флюгером, вертит,
То ты этого хочешь, то с тем закатилась под стол,

Аннабель Ли, всем любовникам кукла вуду,
В тебя тыкают твердым, и всех нас корежит от боли,
Я железную ветку, как русло реки, отведу,
За вагоном вагон, электричество вспыхнет любовью,

Как далек этот край! Машинист, а точнее, твой раб
Заплутает на карте и, не разжимая объятий,
Направляет состав к желтоглазой звезде Альгораб,
Очертанья крыла - то ли ворон, а то ли стервятник.

2 октября 2021 г.

* * *

Молодость, чай со стеклянным крошевом,
Каждый закат, как из вскрытых вен,
Красным неласковым, синим непрошеным,
Мертвого серого дайте взамен.

Сумерки сделайте недобрыми, голоса
Ржавыми на языке, как смерть на узкоколейке,
Пусть со страниц, по-весеннему жалких и клейких,
Сходят на рельсы жители без лица.

Море нам не достанет выше колена,
Наша любовь двигает города,
Наши таблетки съела соседка Лена,
Ходит, шатаясь, падает, как всегда,

В прорези ее глаз глядит чужая богиня,
В бусах из детских голов на ее груди
Много знакомых лиц, но мы их знали другими,
Буквы бредут, как по наледи,

Распадаются слоги, не составляя имен,
Резво, как на полозьях съезжая в бездну,
Ржавого голоса резкий железный звон
Эхом от стен отражается бесполезно.

Время прошло, как по клавишам пробежало,
Каждое зеркало делая двухсторонним,
Каждую бездну скрывая на дне бокала,
Дайте нам срок, не давайте, мы вас догоним.

6 октября 2021 г.

* * *

Мне страшны красные, красные розы,
Когда они растут на белом, белом снегу,
А нас гонят, гонят, и невозможно взять роздых,
И не сдвинуться с места, как споро я ни бегу,

И мне страшно за девочку с длинными,
                              длинными светлыми
Волосами - зачем она с нами, она девчонка совсем,
Как она справится с этими сжатыми километрами -
Пить, что я пью, есть, что все эти годы ем?

Нет, говорят, она не ест и не пьет,
Много ли им, девчонкам, им, молодым, не надо,
Утром пожар и воздуха недород,
Вечером смерч, покуда хватает взгляда,

Чтобы мосты, потрескавшись, как на елке
Елочное стекло, с шорохом арматур
Быстро роняли оплавленные осколки
В оперной саже жирных колоратур,

Маленьким разрушеньицем душа успокоится,
Розы не пахнут или ты стоишь, не дыша,
Первая рюмка, колокол за околицей,
Красная, девица, тепло ли тебе, душа.

13 октября 2021 г.

* * *

Она поет, и клавиши под пальцами
Потрескивают, как горячий лед:
"На Лене лед весною поломается,
И без дружка отчалит теплоход".

А мы стоим, как в брюхе у органа,
Луна еще кругла и высока,
И воздух ночи преломляет странно
Небесной бочки круглые бока,

Ворона-ночь, а глупая, как горлица,
Клюет хрусталь и к зодиакам ластится,
Сейчас печать ей, статус юрлица,
Иноагент Семи Сестер Тельца,

Она распространяла сообщения,
А сердце их читало между строк -
Все ближе, номера машины времени,
Летит-свистит чекистский воронок.

17 октября 2021 г.

* * *

Филу Николаеву

Набоков ненавистен нам,
Но все-таки не зря
Мы с ним рифмуем истину
На сходнях октября,

Когда под шляпой сумрачно,
Когда леса безлиственны,
Дурачься или умничай,
Все не уйдешь от истины:

Прищур зеркал, каприз вина,
Атака голотурии,
Укусы жгучих инсектов
Подчерепного улея,

Пылает куст, навис Синай
И молнии ветвистые
Идут на крик, на свист и на
Свинцовый росчерк выстрела.

20 октября 2021 г.

* * *

— Нельзя два раза в одну реку.
— А мы войдем.
— Но вы два разных человека.
— Один не воин.
— Нет, вам по этому билету нельзя вдвоем!
— Зачем кричать, ведь лодочник спокоен.

Стоя на берегу, мы заклинаем
Кислородные дороги вен,
Эскалаторы артерий, зажевавшие две ступени,
Женские щупальца капельницы.
Это не наше дело,
Мы всего лишь помним, что у заносящего ногу на эти подмостки
Когда-то были другие планы,
Не смеем мешать,
Мы сама вежливость,
Мы ищем только напомнить.

22 октября 2021 г.

* * *

На четвертой минуте, как пилит винил мое сердце,
Входит друг - как дела, ничего - свежачком из ничто,
Милая заскучала, ушла в коммерцию,
Катит по небу с папиком в четырехместном ландо,

Подожди, говорю, не пересказывай мне мультфильмы,
Видишь, плоский винил, как кольцо вибрафона, дрожит,
Ты же умер, вот пальцы твои - воробьиные крылья,
Вот твоя голова на плече, как на блюде, лежит,

Вот и камеры сердца под тонкой сульфидною пленкой,
Как у доброй хозяйки, посмотришь, и зависть берет,
Да постой, ты надолго ль?
            - Концепт незнакомый, сестренка,
Лист винила колеблется, тридцать шестой оборот,

Говорят, что у Господа в дебрях виниловой рощи
Иглы ищут дорожки, и сквозь кокаиновый лед
Жизнь космических звезд представляется ярче, короче,
Словно маковый цвет, прогорит и в руках отцветет,

А еще говорят, что один паренек из Саратова,
Что ты смотришь с ухмылкой, бывали у нас пареньки,
На комете верхом обогнал серафима крылатого
И немного обжег воробьиные пальцы руки.

23 октября 2021 г.

* * *

Церемонно с продуктами двигалась лента,
В Ваших пальцах, зевая, дрожал ридикюль,
И в потрепанной шубке - ноябрь не июль -
Вы не ждали цветов или аплодисментов.

Вас назвали красавицей, Вы обернулись,
Из далекого прошлого вырванный взгляд
На камнях мостовой в беспощадном июле
Ослепил бы врага пятьдесят лет назад,

И прохожего сердце, как бабочка к свету
На мгновенье вспорхнув - безвозвратно, как вздох -
Отрастило бы хвост, как простая комета,
Перед тем, как исчезнуть в безвидном ничто.

Пусть глаза потускнели и тонут в морщинах,
Прозаично звучит шелестение лент -
Тот шутник, будь то женщина или мужчина,
Не посмеет теперь повторить комплимент,

Потому что не шутят с такими вещами
Там, где кровь не вода, но огонь или лед,
Там, где хлеб наезжал на пакет с овощами
И любовь или смерть за прилавком встает.

13 ноября 2021 г.

* * *

Люди ходят, звенят, как стаканчики,
Мол, нас не оставили, нас еще не оставили,
И поэтов ведет на цыганщину,
Как на родину тайную.

Между тем, и цыгане ушли,
Города опустели,
Вдоль обочин постылой земли
Перестроились наркокартели,

Пропустите нас в карточный домик,
Дайте с верой уснуть промеж звезд,
Протяните к нам голой ладонью
Разводной на подшипниках мост,

Пустота звенит
На больших полях
Позабытых книг
В числах ноября,

Темный твой подъезд,
В окнах нет огня,
Между бездн и бездн
Не оставь меня.

24 ноября 2021 г.

* * *

Кате Капович

Кухня - конечно, чужая,
На стене счеты из пробок,
Чтобы считать бутылки.
Звук, как из гроба,
Иногда совсем пропадает.
Свет, как из тыквы.

Сладко раскинувшись на краешке стула,
Без определенного места жительства,
Шелестит скелетная арматура,
И когда ты встаешь сутуло,
Стул отбрыкивается.

В небе безбрежном
Рыщут трамваи.
Аэропорты тебя не держат
И не принимают.

Сумрак, орешник,
Рукав распорот,
В небе безбрежном
Перевернутый город

Тает, как льдина.
Читая трещины,
Как узоры дивных растений,
Один пожилой мужчина
Опаздывает немного,
Отводит рукой машину
И перебегает дорогу
Без повреждений.

26 ноября 2021 г.

* * *

Саше А.

Знаешь, как поезд уходит.
Ты его вызвал (ты тонешь в соленом море),
А он по воде, по рельсам, уже вот-вот подберет,
И ты думаешь, ладно,
Пожалуй, ладно,
Пусть уж мимо проходит
Без остановки.

Нужно стараться,
Неплохая задача,
Или вот полностью
Корпус текстов Галича,
Очистить голову от иных мыслей,
Немного самообмана,
Домашним, конечно, достанется,
Они с изнанки,
Как телесная оболочка.

Мысли лезут, как рыбе в рот,
Затейливо свитыми червяками,
Мальчики думают лучше девочек,
Потому что у них другой метаболизм,
Они теплокровнее,
Мозг сильней омывается кровью,
С возрастом это проходит.
Мысли случайны.
Ухватившись за удочку с того конца,

Можно выбраться в лодку,
Можно на берег,
Но ты ведь рыба,
Мозг теперь рыба,
Прочее в прошлом.

Что есть, чего уже почти нет,
Путаные орбиты водорослей,
Скрипучие груди лодок
Нависают, как бы не треснули,
Пара внезапных нот,
Пронзительных, как просвет
Между деревом и деревом,
А казалось, так плотно
Прижаты друг к другу,
Болевой оркестр
Звучит приглушенно.

Неожиданно в фокусе
Лица прохожих
Прохожих пассажиров прохожего поезда
Прохожего по исчезающим рельсам -
Испуганных, надо им что-то сказать, но,
Огромные, как бразильские бабочки,
Глаза проводницы,
Прохожей по исчезающим рельсам
Без остановки.

декабрь 2021 г.

* * *

Достанешь ли чернила - будут белы
И аккуратно контур обведут:
Всплывающие кольцами во льду,
Присыпанные снегом децибелы,

Орешника раскинутые пальцы,
Собачью радость, чей-то желтый след,
И чья-то тень в тумане расплывается,
Идет одна, и провожатых нет,

Дойдет, претерпевая растворение,
До первоцвета снежных берегов,
Где, край пальто от ветра отколов,
Дают урок обратного черчения:

Чертежное перо у губ оближут,
Разложат перьевую пустоту
На лепестки от слив и белых вишен
И аккуратно контур обведут.

декабрь 2021 г.

* * *

Мой возлюбленный из Нижнего Свинорья
Подкатил ко мне с таким соображеньем:
Мол, негоже для насмешек быть мишенью,
Соберемся, переедем в Подзаборье.

Приживемся там, как розы на компосте,
Между Хергорой и Выгребною Ямой,
Будем бить бутылки и пьянеть от злости,
Собирать осколки с острыми краями.

Нас шпана или менты забьют ногами,
Даже в смерти не расстанемся с тобою,
Черный пластик, как промасленный пергамент,
Обвернет нас, черно-красных от побоев,

Но духовная эссенция, конечно,
Не исчезнет, не рассеется в астрале,
И бродить мы станем призраками вечно
Под горой, в Ослиномочевом Канале.

…Заплетаю его бороду в косички,
Все ясней перед глазами перспективы.
Хергора в дыму скрывается токсичном,
В Подзаборье непривычно и красиво.

Вас, назойливых, и вас, несправедливых
Навсегда своим презрением накажем:
Ставши призраками, мы не навестим вас,
Носа в Верхнее Свинорье не покажем!

декабрь 2021 г.

* * *

Бабушка живет в Ясенево,
А погоды стоят неясные,
На лесной стороне сугробистой
Остановка стоит автобусная.

Бабушка идет, в снег закапывается,
Думает - так, мол, и земля будет пухом
После зимних уколов, апрельской капельницы;
Хорошо, только пальцы болят, распухли.

Подманишь автобус на крошки свежего горя,
Не заметишь, как сменился сезон,
В туфлях-лодочках, покачиваясь, как сон,
Молода плывет по кладбищу, как по морю.

Бабушку разобрало любопытство,
Но сперва к родным, а к живым потом,
Надо поглядеть, каково им спится,
Что идет путем, а что чередом.

Каковы асфодели! Распущенным снизу колосом -
Чтоб наши пшеницы так без стыда росли -
Колесом шестилистным, живым белоснежным полозом
Вверх головой поднимаются из земли!

Подойди, молода, лепестковая твоя кожа,
Вот теперь вижу, из яблоневого цвета сотканная,
Саван невесты, фата милой смерти вот она,
Не угадала сразу, на кого ты похожа,

Так не смущайся и не клони очи долу,
Чтобы не разметал тебя лепестковый ветер,
Вот поживешь с мое, мир подметешь подолом,
Выйдешь в веселье сердца на праздник смерти -

Бабушка бормотала. Автобус где-то
Брюхом осел, не добравшись до остановки,
Пальцами льдов сосульки сцеплялись ловко
И на ветру гремели, как кастаньеты.

1 января 2022 г.

Хроники забытого города

Густой туман, похожий на купюры
Под микроскопом с городским увеличеньем,
То петли плел веревочной текстуры,
То утекал в распахнутые щели
Всех непристойных скважин, и тогда
Стеной вставала красная вода,
Стена рассвета, наклоняясь вбок,
Изломанная в окнах на восток.

И юноша, узнавший, что она
Не любит, гордый, сам себе трамваем
По рельсам шел, и был неузнаваем
(В глазах плясала красная стена),
И взгляд его, как лезвие, опасный
Врезался в небо полосою красной.

Она читала что-то городское,
Из жизни городской: "Я познакомлю
тебя с моей электробритвой", или
"Жизнь с пылесосом", или "Голос крови
в пробирке", или "Смерть в автомобиле";
Тень шелестела под ее рукою,
Зеленовата, на просвет быстра,
И от кольца в ней отсвет серебра.

Семь мудрецов, ощупывая смерть
Вслепую, говорят - вот это жало,
А это что-то острое на ощупь,
Должно быть, жало; это - городское,
Потрогать это надо бы успеть,
Вот тут скользнуло, там задребезжало,
У острия тут крошечная площадь,
Да это жало, вот что тут такое!

…Отходят прочь и тут же забывают,
Смерть, говорят, но где же твое жало,
Но разве мир покинули трамваи,
Но отчего вдоль взгляда небо ало.
Им страшно: в мире много городов
Заброшенных, у них асфальты вскрыты
Корнями изнутри, их имена забыты,
Рассвет багров или закат бордов.

8 февраля 2022 г.

Книга без номера

* * *

Февраль, но зима, бля,
Обещает быть длинной.
Я русский корабль, а
Ты Остров Змеиный.

Я мощью пьяный,
Я в эйфории,
Топот тимпанов,
Лепет валькирий.

Сила на моей стороне, бля,
Твоим женам плакать,
Почему же ты идешь в небо,
А я иду на хуй?

Мы победили,
Он уничтожен.
Где справедливость,
Господи Боже?

И позывные
Этой обиды
Стонут, больные,
Горькие видом:

Мы вам не фраера,
С нами шутить не нужно,
У нашего фюрера
Есть супероружие,

Ангельскую братву
Может свести на нет
Яростный гиперзвук
Его крылатых ракет!

Надобно нам гарантий
На бесконечный срок,
Дай же твой знак нам!
- Русский корабль? -
Говорит Бог. -
Иди на хуй.

25 февраля 2022 г.

* * *

А сейчас для тех, кто еще не спит,
Кто не хочет в рай и почти оставил надежду,
                                        что впустят в ад,
Радио Талый Снег, потрескивая, скворчит,
Нерожденные дети и животные говорят.

Мы здесь привыкли, а им заметней снаружи,
Как бледна и серьезна тоненькая луна,
Как февральские дни, чернее черных жемчужин,
Расцветают черными звездами, не достигая дна,

Как нежны друг к другу соседи по лестничной клетке -
Мы пока еще живы, и тем причиняем смерть:
Мы, как нефть или порох,
                      февраль в календарной расцветке,
А друг другу соседи, и можем в глаза посмотреть;

Как под снегом звенят, прорастая, солидные зерна -
Бархат яростных трав, не солома ослепшей листвы -
Муравьи еще спят, но готовятся бегать проворно,
Направляя друг к другу антенны своей головы.

Наблюдатели смотрят и видят, что мир им приятен.
Радио Лунный Серп ответственно за прилив
Шумных радиоволн и от уличной ряби вмятин,
Все пройдет, засыпай, повторяя этот мотив.

28 февраля 2022 г.

* * *

Ну, конечно, у нас международные отношения так себе,
Зависть и ревность порой искажают лица,
Заслоняют небо наши мессершмитты и ястребы,
Десять живых русских завидуют одному мертвому украинцу.

Но я думаю о тебе и ныряю ниже отчаяния,
Где опять высоко, и кровь расцветает рубином,
Прорастает пером, на воздушных потоках качает
Между тайных дорог, перелетных мостов воробьиных,

Как была жива, говорила: "Никогда не желай другому
Смерти: бумеранг всегда возвращается,
Злое слово зацепит платье, затянет в омут
Горше горя, темней и непроглядней отчаяния,

Даже если злодей, - говорила, - или тиран…"
До чего же я люблю тебя и скучаю,
Ты была во всем права, моя дорогая,
Я твержу злое слово и запускаю мой бумеранг.

1 марта 2022 г.

* * *

Новая эпоха для нас с тобой,
Учителя истории уходят в запой,
Женщины ищут в списках мертвые имена,
Слово "нет" и слово "война"
Запрещены к употреблению
По законам военного положения.

Но учитель риторики, с утра зашедший за водкой,
Уверяет нас, что эпоха будет короткой,
Смотрит в даль, рассуждая о том,
Завершится она табакеркой или шарфом,
Или ядерный гриб направит удар заката -
И с тоской упирается взглядом в стекло стакана.

Сна ни в одном глазу, светло здесь или темно,
На той стороне зрачка гуляют огни пожара,
Хотя взрывов в Москве давно уже не бывало,
Разве только закат опять стучится в окно,
Знаешь, как хозяйка сегодня ждала гостей,
Семья из Харькова, мама, папа и малыши,
Накрывала на стол, ей звонят, говорят: не спеши,
Их накрыло огнем - и так странно стоять в пустоте.

2 марта 2022 г.

* * *

На страницах газет всходит небыль,
Воздух плотен и колет стекло,
Вы хотели вздохнуть, но что-то вас отвлекло -
Закройте небо.

Выбирая безопасность, пренебрегая свободой,
Не заслужишь ни жизни, ни легкой смерти,
В каждом сердце небыль дает молодые всходы,
Кровь бежит, но немного медлит.

Как стара Европа, а все же ей снится бык -
Раз в полвека пускай хоть плешивый козел -
В огороды пробирался к ней, озорник,
Бородою дорожки мел.

Я говорю тебе, не называя твоего имени
(Если я упаду, и ты получишь ушибы),
Мне не жаль завтрашних дней этого душного времени,
Только жаль, что сегодня ты не одобришь мой выбор,

Хотя есть много добра в твоей большой голове.
Но сегодня мне снилась школа, она горела,
Но так мало воздуха на любом уровне,
А что я буду хрипеть, царапая край матраса,
                              это не ваше дело,

Этой весной все сорняки заглушает небыль,
Одряхлел Новый Свет, и маленькая луна,
Повидавшая отражений, останется здесь одна.
Закройте небо.

5 марта 2022 г.

* * *

Рабинович каждое утро покупает газету,
Типографская краска опять содержит свинец
(Пуля стоит тысячи слов) - на первой странице нету,
На второй надои коров, опорос свиней,
Вздрогнешь, протрешь глаза: в закатных ростках костра
Родина-мать стоит на берегу Днепра.

Каждый день мы отступаем назад во времени
Туда, где в окопах растет буряк с трещиной от лопаты,
Нас ускоряет назад обратное трение,
Календари шелестят густой листвой виновато,
Но одна дата, февраль, четыре часа
Не отстает, а вместе с нами ползет назад.

Помогите нам демонтировать эту машину времени!
Что в ней заело, за что она зацепилась,
Машинист, проводник, Анна Аркадьевна Каренина,
Остановите поезд, сделайте милость,
Эти живые, в крови и сразу мертвые лица -
Отмотайте назад, дайте им снова родиться!

У Рабиновича чешется нос, но нет свободной руки,
Двое полицейских его держат под локотки,
Дома ждут дети, неумолима полиция -
Но и сама косит глаз на передовицу:
Серым по серому, между свинцовых строк,
Может, проявится в рамочке некролог.

12 марта 2022 г.

* * *

Качество у звука безобразное,
Прыгают колонки на столе:
"Граждане, отечество в опасности,
Наши танки на чужой земле!"

Наши танки, наша артиллерия,
Наш солдат сквозь визоры глядит,
Городские вены и артерии
Наша авиация бомбит.

Не приходит сон, а если все-таки
На изнанке смерти забытье,
Наши мертвые, из нашей крови сотканы,
Шепчут нам проклятие свое,

И, с полей кровавых не пришедшие
Восемьдесят лет тому назад,
Белыми тактическими шершнями
К нашим танкам с криками летят.

14 марта 2022 г.

* * *

Посмотри, что это здесь такое.
В сердце застряла игла, если вынуть - умрешь,
Хлюпает под ногами месиво городское,
Снег или просто дождь.

Как мы могли быть счастливы,
Встанет перед травой и развернется лист,
Площадь гадливости, перекресток отчаяния,
Все четыре дороги вниз.

Ослепительна будет слива, бела и прозрачна вишня,
Беззащитен внезапно-свежий зеленый цвет,
Только нас не нужно с тобою лишних:
Не бывало, бывало, нет.

Тяжелы рельефы твои вчерашние,
Горы еще растут, как ногти у мертвеца,
Но идет сквозь сердце, и кончик высовывается
От тупой иглы Останкинской телебашни,

Из-за нее-то ты меня и не слышишь.
Если ее вынуть, то ты умрешь,
Рухнет небо - но нет, это всего лишь дождь,
Несокрушима, нежна и прозрачна вишня.

17 марта 2022 г.

* * *

Знаешь, как ненависть
Заливает яблоко глаза,
Красным по красному рисует изображение?
На моей реке ледяной настил,
В закромах твоих непролазный
Сахар. В воздухе держится напряжение.

Люди молят Бога, а я стою рядом,
Немощь ежом ворочается по венам,
Зеркало нас убивает взглядом,
Смерть длится вечность, она мгновенна.

Гранатовое древо истории,
Его перезрелый плод, истекая вязким и красным -
Одни покупают фрукты, другие боеприпасы,
Раньше они не так дорого стоили.

Бог посылает свой астероид,
Мол, я не расслышал, но все же привет любимым,
Может быть, он где надо небо закроет
Или черкнет расписку и дальше, мимо.

20 марта 2022 г.

* * *

Когда мы освободили Украину от нацистов,
Финляндию от собакоголовых, Польшу от марсиан,
Земля зацвела кокаиновым цветом душистым
И каждый танкист был магическим воздухом пьян.

В Литве окопались улитки с планетной системы
Холодной и красной звезды ипсилон Андромеды:
Скрывались на листьях салата и прочих растений,
Пришлось разбомбить все в лепешку, ведь выхода нету,

Эстонию тоже снесли с политической карты,
Поскольку в ней подняли головы ихтиозавры,
Адепты кровавого культа богини Астарты,
Приплывшие к нам по орбите от альфа Центавры.

И в Латвии мы не оставили признаков жизни,
А что было делать, ведь Запад нам выкрутил руки:
Он там расплодил вредоносно микроорганизмы,
Согласно сигналам экспертов от криптонауки.

И вот все народы свободны, нам пишут из рая,
И звери, и птицы, и разные меньшие твари,
Москва простирается в мире от края до края,
От смерча до смерча песчаного в Новой Сахаре.

23 марта 2022 г.

* * *

Люди, как сиды, ушли под землю,
Пишут нам из подвалов, что им не страшно,
Им не страшно, а мы дрожим и не знаем,
Вдруг их найдут сегодня наши ракеты,
Как болят их суставы, как холодно в том подвале,
Кончится вода, как найти ее и вернуться,
Как застать тех, кого оставил внизу, живыми,
Как им страшно - так, что уже не страшно.

Но так странно слышать, что здесь говорят снаружи -
А представь, как о людях судачили злые духи?
Молодые кикиморы в чавкающем болоте
Находили людей недобрыми и злопамятными,
Неблагодарными (осушающими болота).
Чертенята вспоминали, как их обманул Балда:
Вор и бродяга, ни совести, ни стыда.

Реальность на нашей стороне истончается,
Радиоволны делают свое дело,
Трудно понять, днями или ночами,
Серо или черно то, что бывало белым.

Время становится вязким, как родное болото,
С манными кочками, берегами кисельными.
Если отнимешь память, дай нам, пускай голодным,
Детям не делать зла и не питаться людьми.

27 марта 2022 г.

* * *

- Мушкетеры, мама! Четверо мушкетеров,
Не задевая выщерблин, выезжают на площадь!
У Портоса рукав блестящий, а плащ потертый,
У д'Артаньяна желтая лошадь,

Бледен, как смерть, Атос - наверное, ранен,
Думаю, что рука его холодна,
Арамис, ясный, как месяц, плывет дворами…
- Маленький, отойди от окна.

- Если я отойду, мама, то не увижу,
Как на лезвие белой птицей садится луч,
Как на мостовой вздрагивает булыжник,
Как взлетает шпага, похожая на иглу!

- Мальчик, здесь не Париж, отходи, пока цел,
Разобьется стекло, когда начнется обстрел,
Спрячемся в ванной, нет, лучше пойдем в подвал,
Ты еще мал и ни разу не умирал.

Мальчик, жалея маму, дает ей руку,
Задевает в низких проемах притолоку головой
(Мама очень спешит), удар его сносит в угол,
Голос сирены тусклый и неживой.

Стекло разбито, но осколки не долетели,
Щебень и стеклянная крошка в постели,
Звуковая аппаратура разбита в хлам,
Мушкетеры смотрят и видят: кругом бедлам.

- Мор, - говорит всадник, белый, как полотно, -
Как там мальчишка? - Подбрось в амбар хлеба, Глад, -
Улыбается Мор. - Не командуй, чай, не парад, -
Говорит Война, заглядывая в окно.

29 марта 2022 г.

* * *

- А потом позвонили газели...
Накануне апрельской капели
Телефоны шалят, выдают голоса за гудки,
Неизвестно откуда внезапные ловят звонки.

Абонент говорит, он не знает, он жив или умер,
Только стало теплее, и снега уже не натопишь,
Он ослеп и оглох, и качает под полом, как в трюме,
Солнце сбилось с пути, в этот вечер огонь на востоке,

"А убитых мы, - говорит, -
                хоронили в центральном парке,
Ведь теперь от снарядов и рытвины есть, и овраги
Там на месте аллей - и просторно, и мертвым не жарко,
Узнавали своих, составляли реестр на бумаге,

А меня не узнают, и сам я себя не узнаю,
Было имя - прошло, а любимую звали Верушей,
Сорок лет спали рядом, но странное сделалось с нами:
Я зарыл ее в землю, а сам оставался снаружи,

А меня не задело, хотя я стоял в двух шагах,
Дунул ветер с востока, и Вера упала со стула,
Захотела позвать меня, только дрожала щека,
Имя булькало в горле и в легочной мгле потонуло."

Телефон весь дрожит, словно он простудился, продрог -
Я волнуюсь, позвольте, ведь где-нибудь есть документ,
Под обломками мебели имя найдет абонент -
Снова ветер с востока, и в трубке короткий гудок.

30 марта 2022 г.

* * *

Апрель зимний месяц, и все-таки снег растает,
Короче, еще немного, и будет все заебись,
Земля расцветет, улыбками и цветами
Родина встретит насильников и убийц,

Мстительных или просто трусливых,
Просто безбашенных, черт им и тот не брат,
Будет цвести ослепительно белым слива,
Как та невеста, которой - молчу, комбат,

Наших товарищей мы не помним по именам,
Знаем одно - им под землей не хуже,
Ад - тоже родина, будет и там весна,
Будет кого нагнуть, отодрать к тому же,

Я скажу тебе правду, а ты на ус намотай:
Что иностранцу ад, для нашего брата рай,
Если мы ловим пулю и падаем, холодея,
Нам не нужна другая теодицея.

Но иногда, давя сапогом валежник,
Чувствуешь, что земля становится слишком нежной,
Крестишься, вспоминаешь Святогора-богатыря,
Будто вот-вот, и не сможет подошву держать земля,

Как чужая женщина рвется под целым взводом,
Как проседает крыша под артобстрел,
Словно небесный ангел хочет прикрыть кого-то,
По серебристым перьям скользит прицел.

8 апреля 2022 г.

* * *

Горбаг пишет матери, он пишет вороньим пером,
"Слава Азогу! Вороны вкуснее, чем крысы,
Больг из сахарной свеклы в канистре готовит нам ром,
В роме много калорий, он гонит ненужные мысли.

Ах, maman, эти хоббиты Шира не люди, а звери!
То разрушат больницы, то собственных деток сожрут;
Музгаш, нежное сердце, недели не выдержал тут,
Плакал-плакал и умер, но есть и другие потери:

Умирают от слез, от восторга и от перегрева,
Много теплых вещей, и снабжение слишком хорошее,
Глядя, как обращаются здания в крошево,
Орки сходят на нет от страдания, боли и гнева.

Эти хоббиты шьют себе сумки из орочьих шкур!
Мне одну подарили, с почтеньем к сему прилагаю,
Помолитесь за нас, мы живем в полушаге от рая
И кричим по ночам, вспоминая родной Барад-дур."

Горбаг еще раз перечитывает письмо,
Думая о цензуре. Облизывает клыки.
Рушится небо, девятый или седьмой
Назгул летит, и не дописать строки.

12 апреля 2022 г.

* * *

Антон пьет чай и ест варенье из молекул,
К нему в окно, надежды не тая,
Глядит луна; фотонная струя
Встречается с препятствием из стекол.

Он думает, что Тая слышит грохот,
Луна монетой стала на ребро,
Монисто ли рассыпала Солоха?
Он слышит звон стекла о серебро.

Ни с кем не поменяться, не вернуть, не -
Молчи, не смей, сейчас не до тебя -
И катятся, действительность дробя,
Инерцию набравшие минуты.

С той стороны река течет иначе,
Бледнеют звезды - к худу ли, к добру ли,
Гостей не звали; что же это значит,
Кто с чем пришел, тот от того и умер -

Давай, луна, ведь ты еще девчонка,
Нетрудно сердце взять у человека,
Когда б мы жили тихо или звонко,
Когда б мы состояли из молекул.

15 апреля 2022 г.

* * *

Здесь бегал кто-нибудь счастливый
Вдвоем с какой-нибудь любимой.
Втроем с бутылкой, полной пива,
С травой полынью вчетвером,

Которой запах слишком горек,
А небо выше колоколен,
А смертный сон лежит, как море
Под перевернутым ведром.

Одесса не такой уж город,
Скорее, песня, посвист, шорох,
Скорее, сад архитектуры,
На синий стол янтарный ром,

Сопит химера в каждой урне;
Как штурмовать легенду, дурни?
Здесь башни танка сажу курят,
И поделом.

23 апреля 2022 г.

* * *

Ежи отдельно, туман отдельно,
На белых розах лежит снежок,
Синицей, ласточкой, коростелем
Весна пикирует на восток.

А на востоке закрыто небо,
В нем все маршруты изменены,
Руками взмахивают нелепо
Метеорологи всей страны,

Мол, не понять и не разобраться,
Из воздушных вихрей выстроилась стена,
Может, идет климатическая спецоперация,
Может, весна здесь запрещена?

А по ту сторону от воздушной стены
Одуванчики кутаются в росе,
Здесь же в тени молодой сосны
Метеоролог глядит в прицел,

Рядом стоматолог и уличный музыкант,
Слушая эхо весеннего грома,
Свежую мову раскатывая на языках,
Беззаботно пересчитывают патроны.

В этом году перелетные птицы
Сделаны из металла, дожди из огненных слез,
Метеоролог метеорологу снится,
От его удачи зависит общий прогноз.

27 апреля 2022 г.

* * *

В доме повешенного не говорят о веревке,
Сигарету кладут в стакан,
               закуривают столовый прибор,
Обжигая пальцы ломкие и неловкие,
Продолжают начатый разговор.

Девичьи косы, из которых можно сплести
Что бы такое - не уходи, побудь,
Странно немеет сердце от жалости,
Пыльной веревкой вертится Млечный Путь,

Обворачивается петлей вокруг почерневшей шеи
Городского неба - а помнишь, как раньше, до -
До того, что сейчас - тюльпаны подешевели,
Их еще мальчишки прятали под пальто,

Аккуратно, чтоб не помять волокна
Слишком мягких и оттого не годных в дело стеблей,
Дверцы скрипели, ставни на петлях охали,
Мелкие вещи жили жизнью своей,

Так постой, а что, если - что это, "если" - если,
Если текстура мира так одряхлела,
Если вот-вот, как засохшая корка, треснет,
То и веревка, она не выдержит тела,

Не плачь, не кури так много, и не такие грузы
Сердце сносило, а смерть на миру красна,
В сальных словах, в спряжениях заскорузлых
Лопнет гнилой веревкой эта война.

6 мая 2022 г.

* * *

Раньше Люся не рисовала горящих домов,
Только дикорастущие из-под космической пыли,
Как большие грибы, поддевая антеннами мох,
А на Катины именины мы целовались и пили.

Погляди-ка, голуба, взошла ли звезда Полынь -
Там, поди, в небе целые заросли звезд полынных,
Не дотянутся к нам сквозь чужие дворы да колы,
Но доносится запах немыслимо горький и милый.

Как нам сделать - никак; черным крапом, рубашками карт,
А судьба разве вихрь, а не дворник с метлой бородатый -
Все метешь да метешь, а никто и не скажет, что рад,
Если чисто подмел; только были - пропали куда-то.

6 июня 2022 г.

* * *

In the gardens of coma
She walks in a pleasant breeze,
Mighty trees, fruit to squeeze,
Dandelions offering her a crown,
She agrees.

In the waves of lost memories
Names like fish feel at home,
Faces grow like bumbleberries,
Underwater, deep in the seas of coma,
Facebush grows.

Catherine, was it Catherine,
Or perhaps it's the name of that magic substance,
That one way ticket downstream,
Lunar images made of asbestos,
Acid dreams.

In the gardens of coma
In my mother tongue that is now the tongue of death
Hushed words, unusual and uncommon,
Rise from bottom of murky depths
So out of breath.

In the gardens of coma
I will walk with Catherine of my heart
Just around the corner
Where there's a city, a snobbish part,
Walls about to fall apart,

There will be lakes of memories lost,
Ice of sparkling glass never touched by frost,
Fires fragrant like peonies when they bloom so fast,
Death that waits on guests made of garden dust.

Jun. 18th, 2022

* * *

Радио Мыльница, мама прощай-прости,
Не грусти, железные кони в мыле,
Все трудности позади. Мы вышли к обрыву пропасти -
И тут предатели отступили,
Наедине со смертью душа бренчит какой-то смешной музон,
Ну что ты плачешь? Вот я попрошу, и споет для тебя Кобзон.

Он будет петь, а что ему делать, ведь мы, наверно, в раю,
А там все поют осанну богу, который очень силен,
Он и тебя, и меня, и всех вертел на хую,
На бис, на трис и на тетракис об этом поет Кобзон,

Он поет, и в его глазах растет большая печаль,
Вечная, понимаешь, его народа печать:
Нечем заткнуть себе глотку, ни хуя, ни кирпича,
Он бы давно хотел, но нельзя ему замолчать.

А так все неплохо, все хорошо, мама, ты не горюй,
Точно уж лучше, чем было нам накануне,
Можно сменить портянки, все-таки мы в раю,
Мы уже мылись полтора раза в этом июне.

Бывает, конечно, идешь, и чей-то тяжелый взгляд -
Знаешь, мама, я очень боюсь детей -
Они вовсе не то, что все о них говорят,
Намного страшней обрывов и пропастей,

Особенно если он здесь, а мама пока что там,
Смотрит, а сам как ледяной огонь,
Мама, я не хотел, ведь я же когда-то сам,
Как получилось, что здесь я совсем другой?

Забери меня - нет, я знаю, что ты не можешь
Отсюда меня забрать, а то бы давно, а то
Я бы уже, ведь я же когда-то тоже,
Помнишь, писали жалобу в Спортлото,

Помнишь два стула и заросли пик точеных,
Помнишь, что делать, и думы того, былого,
Нет, все не то; меня б отпустили к черту,
Если б я вспомнил что-то, хотя бы слово,

Ради которого стоило умирать
И убивать таких, как горячий лед;
Помню, огонь? хуярьте? ебена мать?
Хмурится ангел, пропуска не дает.

Слышу, по радио ты даешь интервью,
Мол, твой единственный сын не нарушал закона,
Выполнил долг, теперь для того в раю,
Чтобы у вас не кончились телефоны,

И слишком ясно: это нам навсегда,
Вам телефоны, просто скинь на мобилу,
Нам просто здесь мимо огня и льда
Сквозь ничего, без имени, без могилы.

29 июня 2022 г.

* * *

Пустые, как глаза, квартиры,
Скрипят на рубленом английском
Два странствующих ювелира,
Кочующие программисты,

Пока все родственники целы,
Соседу меньше повезло,
В очков нетрезвое стекло
Он смотрит, как в стекло прицела,

Ведь это русские, враги
На расстоянии руки,
И привкус крови человечьей
В служебных звуках русской речи.

И программисты смотрят в пол,
Глотают огненный глагол,
Не снимешь с сердца, в лифт не сдашь,
Как нестандартный свой багаж.

Идут, и родина далеко,
Надежда труп, тела гробы,
И равнодушие востока,
И безразличие судьбы,

И эхо горя под мостами,
Сквозь пальцы новости бегут,
И ночь навстречу вырастает,
Как черный ирис на снегу.

2 июля 2022 г.

* * *

Давай-ка поиграем в игру от слов до слов,
Как будто ты Набоков, я Саша Соколов,
Фонетика барака, аксантов сладкий штрих,
На пятках Пастернака след клювов liebe dich.

Клин струн и стая клавиш, тату культурный код,
Ошибки не исправишь прижизненно, и вот
Перо свое вонзаешь в глаз Mourka camarade,
Люблю тебя, товарищ, до гроба и назад.

Неужто все, что было, окончится, как сон -
Культурная могила, трехъядерный шансон,
Мир сбрасывает сложность, ненужная листва,
Конвойный и острожник закатаны в асфальт,

Аэроплан дремотно снижается в закат,
Как будто жирной мордой в расплавленный салат,
Закат горит огнями, бесчинствует закат,
Рвет небо над домами, и города горят.

10 июля 2022 г.

Родные места

Книга 16. Родные места

*　*　*

Скатертью дорожка и воздух лесенкой,
Огненная лава сладким соком земли,
Одного убили, другой повесился,
К нашей двери подходят и подошли.

Бездна говорит - вас много, а я одна,
Не пройдешься по всем, не ответишь на каждый взгляд,
А реальность соткана из ветхого волокна,
И из каждой прорехи назойливо вниз глядят.

Один человек превратил свое левое легкое в шарик,
Правое в шар - нечем дышать, и воздуха нет,
Но посмотри, какая луна большая,
Как раздувает стенки солнечный элемент,

И никто не знает, во что б еще превратиться,
Каждая личинка замерла на пороге выбора,
Умоляет полено - пускай хоть сожгут, хоть выебут,
Только, папа Карло, не делай из меня Буратино,

Пусть другие думают, находясь в здравом уме
Или в твердой памяти, пребывая в полном сознании,
Под твоим инструментом трещу и дрожу заранее,
Это страшное чудо уже расцветает во мне.

Папа Карло закрывает свой третий том,
Смотрит в бездну с привычным прищуром
　　　　　　　　　　　　　　поверх переплета -
Мы работаем в черном, сынок, такая у нас работа,
Это только цветочки, а ягодки будут потом.

10 июля 2022 г.

* * *

Мы стояли насквозь промокшие в толпе,
                          промокшей насквозь,
Держась за грудную клетку, натужно дышала девица,
Алкоголик, которому к мокрой стене
                          прислониться пришлось,
Чтобы ровно стоять, повторял - это нам только снится.

То ли день, то ли ночь, и услужливый серенький тип
Заговаривал с дамами - этого знал я, а с этим
Мы рубились на перьях, он в спорах со мною охрип -
Делал знаки кому-то и сладко подмигивал детям.

Только выхода нету и вход, говорят, заколочен,
Информация слиплась в комок и забился канал,
Пропадет компромат, и с довольствия снимут досрочно,
Так зачахнешь в толпе, и не лез бы сюда, если б знал.

Если даже проснемся, и в мире наступит движенье,
Это будем не мы, нас с тобой не бывало и нет,
Это лед на швартовах, разросшийся без разрешенья,
Расходящихся меридианов прозрачный букет.

29 июля 2022 г.

* * *

Дома с азиатскими плоскими крышами
Никуда не идут, только в воздухе тонут, в тяжелом ночном,
Только кошки гуляют; под чашей, стоящей вверх дном,
Мусульманским флагом луна колышется.

Мы не то чтобы выросли, только друзей проводили,
Лучших, выбранных в мертвые за их заслуги, и вот
Между пальцев у звезд, между лестниц в Иерусалиме
Собираемся на их непрожитый будущий год.

Ты меня не услышишь, и я не тебе, только мимо,
Тропкой трещины в стенках у чаши, стоящей вверх дном,
Где в небесные очи глядится твоя Украина,
Шевелится растерзанной бабочкой в сердце моем,

В этом месте гадают на географических картах
И узором рубашек созвездия смотрят пестро,
И растут подоконники, и раздвигаются парты,
Разверзаются хляби, и феникс роняет перо.

Если будете слишком хорошими, тоже умрете.
Воротитесь живыми. Успеете позже, потом,
Календарные вихри, птенцы Зодиака в полете,
Звон небесных осколков от чаши, летящей вверх дном.

6 августа 2022 г.

* * *

In the classroom I am doing lines,
Evening comes and goes, night's one dusty curtain,
I did not behave, so I must pay the price
Ante mortem, in morte and postmortem.

I am doing life lines, and don't they come out sharp,
I am doing love lines, never too smooth or pretty,
Letters and syllables, you cannot tell them apart,
Have to be torn apart, well if that's what they want, then let'em.

How'd we end up here, of all the places,
By a quirk of fate, on the flip side of divine grace,
Our pulse tempered by the pace of
Time in a grandfather clock, smile cracking through its face,

We are taught to expect up and above the skies
Soaring eagles or lions, manes made of fires,
Bulls of the night, full of enigmatic eyes
Dark with sarcasm - in the classroom we're doing lines.

12 августа 2022 г.

* * *

Архитектура снежинок: вложенные узоры,
Четыре логических мира и, как переборки труб,
Входы и выходы, бывшие разговоры,
Не отвлекайся, но продолжай игру.

В августе снег мы делаем из бумаги,
Только все мало - опустошаем запасы -
Если б не вы, мы жили бы проще, были бы магами,
Взрослые - это позор человеческой расы,

Но мы промолчим об этом, хоть множества жизней
Стоит нам вежливость, стоит веселья на дне
Быстро тускнеющих глаз, всех дорог к отчизне,
Истончающихся, ломающихся в огне,

Вежливость - это перчатки санитарной бригады,
Группа симметрий снежинки, втоптанной в грязь,
Ископаемая надпись на стенах пещеры ада,
Без которой наша Земля взорвется, и взорвалась.

21 августа 2022 г.

* * *

Не распечатаны конверты,
Ладонь в ладонь через стекло,
Дома, подсвеченные смертью,
Роняют тени тяжело,

И в пламени косноязычном
Нелепо наклоняясь вниз,
Скользят, отринувши приличья,
Изображенья наших лиц,

Поверхность клейкая, как липа,
У края губ дрожит испуг,
По лесенке из архетипов
Они спускаются без рук,

А там, внизу, чего бояться,
Там некому держать ответ,
Вкус крови, радость святотатства
И терпких запахов букет,

Но что ж - не все маршруты пройдены,
Ошибкой выбран черный ход,
И призрак Абсолютной Родины
С колдобины и на колдобину
Нас с голубым огнем ведет.

22 августа 2022 г.

* * *

В Тель-Авиве дома белее, чем молоко,
Далеко не уходят гортанные хлесткие звуки,
Что-то вышло сквозное, глазное, как яблоко,
Прокатилось по небу и выпало влагой на руки.

Как большое облако, обнимает со всех сторон,
Отбирает весь воздух, но тут же лелеет и нежит
Ваша ненависть нас, остающихся в двадцать втором
Невозможном году, и оттуда назад в неизбежность.

Как на запах несчастья, как только ты станешь слабей,
Отовсюду сползаются буквы, шершавые видом,
Мы не можем помочь, мы уже только снимся тебе,
Мы идем к фараону узнать, как растут пирамиды.

Эй, товарищ корова, не жуй ядовитый венок:
Заратустра убит, но цветы тоже дышат распадом,
Здесь виной, там войной упираются прямо в висок,
Бога нет и не надо, бессмертия нет и не надо,

Эй, товарищ корова, уставшая на двух ногах,
Уходи на копытах, лепешкой отбрасывай память,
А не то яд культуры начнет к тебе в кровь проникать,
В мышцы, в жир живота, и назад вместе с нами потянет.

26 августа 2022 г.

* * *

Приоткрываем окна - то серп, то молот,
То пентаграмма в красном, сейчас из ада,
Воздух чуть затвердел, как уже расколот,
Треснул плитой бетонного шоколада.

Знаешь, родная, нету ни в чем порядка,
Мертвые ходят к живым, а живые к мертвым,
Здесь наступает музыка нам на пятки,
На раз-два-три не смущаясь идет четвертым,

И никакого контроля над инструментом:
Серп или молот, и жид со своей цимбалой,
Праздно шатаясь, как будто и смерти нету,
Ноты ведет вразброд от конца к началу.

Хоть бы сквозь зодиаки прошла комета,
Смяла бы гороскопов цветную ленту,
Осень, как кончик пальца в тени манжета,
Трогает нервы струнного инструмента.

Если протечь по дереву быстрой мыслью,
Круглых колен Ефросинии Ярославны
Тронуть не смея - листья и злые травы
Зашелестят горой нераскрытых писем.

Из инструментов у нас только серп да молот,
И гробовая тишь в оркестровой яме,
И Ярославна тресветлое солнце молит,
Реку Каялу трогая рукавами.

5 сентября 2022 г.

* * *

Катя проедет по этим местам, а где не проедет - пройдет,
Собирая яблоки в этот неяблочный год,
Думай, не думай, вся жизнь короче этих минут,
Сами собой сады не спеша из земли растут.

Вон иностранный агент, нечесан и не умыт,
Лепрекон на леших сердит и на домовых сердит,
На таможне сдал золото, насыпал целые горы,
Пропадает оно, на таможне идут разговоры,

Сыщики ходят среди офицеров бледных,
Жалко фуражки, и голову снимут с погонами,
Кто бывал за границей, кто знаком с лепреконами.
Арестованные пропадают бесследно.

Когда я вернусь, о слушай или не слушай,
Я тоже исчезну с друзьями, а перед этим
В вечно прекрасных крапивах, в садах равнодушных
Счастье найдем и не станем жалеть междометий,

И лепреконы, проникшие к нам, как живые,
К следователям сойдут со страниц показаний,
Те побелеют, как ангелы сторожевые,
И по столам затрепещут, как рыба с глазами.

8 сентября 2022 г.

* * *

На сожженной дороге, мой друг, как в пустой глазнице,
Что нам делать, мама - то же, что и всегда,
Если видишь птицу, то это совсем не птица,
Если дождь, то жгучие капли в нем не вода.

На сожженной дороге нам не потерять друг друга,
Не делить судьбы, оставшейся позади,
Это только сегмент, это часть обводного круга,
Сердце стало камнем, и трудно его нести.

Как мы выйдем отсюда, покроемся мхом ли, пылью,
Броневым железом, огнем, серебром луны,
Или просто увидим: мертвые нас забыли,
А живые живы, чужие им не нужны?

Даже если выйдем - не горбись так некрасиво,
Не скреби когтями, захлопни клыкастый рот,
На сожженной дороге луна, как горькая слива,
Как печальный миндаль: тот, кто его съест, умрет.

6 ноября 2022 г.

* * *

На двадцати шести углах Вселенной
Идет торговля. Жирные пророки
Жуют инжир, вытягивая ноги,
Ждут откровенья, дергая коленом.

И ангел, плоский, словно на картине,
Меж ними ковыляет нищебродом,
Тревожит их трехмерную природу,
А ей само движение противно.

Со временем и жизнь проходит мимо,
А раньше не случалась и не длилась,
Что было - не было и в то же время было,
Когда Творец создал необратимость,

И в том разгадка слова как глагола:
Не жди добра от действий и явлений,
Злой демиург, делец обоеполый,
Ждет за углом во всех углах Вселенной,

Он изберет, обезоружит нас,
С изнанки спрячет хаос многоглазый,
Как будто няня в космос пробралась,
Взяла в тиски и ногти режет с мясом.

Но что ж - от нетерпения дрожа,
Даст бог, и вырвемся, и за угол со свистом,
И черту душу, и глагол лингвистам,
И сердце вверх по лезвию ножа.

12 ноября 2022 г.

Lullaby for you

Signs pointing at the signs pointing at the signs,
The animals at the zoo are getting old,
Love was never enough, there's no hand to hold
Wading through marshy lands behind your conscience.

Some like it dry, and there's always quicksand,
You think you need help, wait till you take it all,
You don't know wet this side of the marshy land,
You don't know fall till you're a leaf to fall.

Don't cry, aren't you my girl,
It's just an illusion to end
So soon, what did you call it, a world?
But oh so soon, so dry, so quick, so sand.
Don't be shy,
Don't be sad,
It's just an illusion built on quicksand,
Yet another illusion to end.

We'd let you have your way with it, we might,
Come now, haven't you lost your way,
Follow veins paved with red haemotite,
In those marshy lands we pave our ways with pain.

There's almost no time left in the sandglass,
The animals at the zoo are getting old,
Come now, take it all, come and do what you must,
Take your time girlie, yes, you may take it all.

13 ноября 2022 г.

* * *

Мой знакомый художник, известный график,
Научился обманывать мозг ударом карандаша:
Электричество в целом движется не спеша,
Худо-бедно нейроны отвечают за внешний траффик,

Можно тронуть бумагу таким карандашным штрихом,
Что увидишь цветное на месте теней полусерых,
Слева розовый дым, справа сине-оранжевый дом,
Сверху зеленоватое небо упавшей портьерой.

Где придумал один, там подхватят другие, и вот
Хороводы сигналов терзают всклокоченный провод,
Вот симфония на двух аккордах, на ноте, без нот,
Вот из двух сковородок анфас Николая Второго,

Так и я - синий рот, красный глаз, из кармана рука,
Так и ты, по экрану чуть слышно бегущее слово,
Только скрип от шарманки, один поворот рычага,
И механика смерти в машинах к работе готова.

8 декабря 2022 г.

Родные места

На ручном управлении, оставляя холмы за спиной,
Еду в сторону неба, в деревню Молочное Дно,
У покрытия рваный рельеф, цвет у неба стальной,
Липнут странные бабочки на боковое окно.

Но я здесь много дней километры мотаю на шины,
Знаю каждый изгиб как на ощупь, и каждый бугор,
Вот Марина стоит у дороги, и ноги Марины,
И привычная дрожь, ведь я к ним не привык до сих пор,

Ждет Марина другого, бухого козла, шоферюгу,
И застопит его, если он не из нашенских мест,
Что-то сделает с ним пару раз за штурвалом по кругу
И затянет в могилу, как парочки входят в подъезд.

Кто-то сбил ее здесь на дороге, она его ищет,
Все живые похожи - не знает, нашла или нет,
Но стучат каблучки, но ворота скрипят на кладбище,
Но по области бродит известный шоферам сюжет.

Дальше Ёжище, морда в крови, он еще не наелся,
Как ручной, побежит за машиной; я приторможу,
Он посмотрит с тоской, он возьмет меня лапой за сердце -
Ты прости, я не твой, даже в пищу тебе не гожусь.

Здесь голодные призраки, все на кого-то в обиде,
Всякий издавна мне, как аккорд колыбельной, знаком,
И случайный прохожий, меня на дороге завидя,
Расширяет зрачки и себя осеняет крестом.

13 декабря 2022 г.

Книга 17. Яблоко кобры

* * *

Дед Мороз распечатывает письмо -
Да что я им, киллер? - сердится, мнет конверт,
Скачут катушки с праздничною тесьмой,
Звонкие льдинки шепчутся в рукаве.

Жестяной корабль, поднят флаг на мачте!
Игрушечный вездеход на гусеничном ходу!
А они - но эта девочка, этот мальчик
Так хорошо вели себя в уходящем году,

И еще никогда не было столько писем
От граждан всех возрастов, от калеки до лекаря,
Никогда в него не верили так неистово
И так отчаянно, будто просить больше некого.

У самого горизонта холодное пламя
Серебристыми языками лижет небесный свод,
За полярным кругом старик в свой мешок кладет
Набор "Сделай сам своими руками".

Мальчики, девочки, тети под макияжем,
Мельник и ворон, волки с окрестных гор,
Рыбы в реке, под лед ушедшие даже, -
Каждый из них получит этот набор.

Баба Леся получит дробовик и гранату -
Примерной старушкой была она много лет -
Шубу на непросвечиваемой прокладке
И на Кремлевскую Елку входной билет.

17 декабря 2022 г.

* * *

Там, где воры без карманов ходят с ножнами,
О тебе напоминает невозможное -
Субтропический мороз, шелка с заплатами,
Звезд на ветке щебетанье непонятное.

Небо проще, воздух слаще, от твоих шагов в асфальте
Память следа, вроде трещин, образующих узоры
Параллелей, бороздящих лица каменных развалин,
И сквозных меридианов космографа Меркатора,

Вы, свободные, как боги, плоти сбросившие кокон,
Ноги в метрике не вязнут, не сомнут за слоем слой,
Вакуум не роет ямы, проседая кривобоко,
Не пускает в сердце время оскорбительной стрелой,

Духа легкое касанье, если хочешь, значит, вей,
Иногда ты здесь бываешь, свищешь ветром в голове,
Странный холод, милый холод,
                     страшный холод и сквозной,
Воздух надвое расколот перевернутой струной.

24 декабря 2022 г.

* * *

В памяти звуки видны и слышны,
Тени так резки,
Вечер стоит с той и с другой стороны
Шелковой занавески.

Столетье спустя тот же страшный запах мечты,
Улицы немы
По обе стороны от вехи или черты
Десятеричной системы.

Провинившимся перед небом не говорят "покайтесь",
А входят с докладом: "В целом,
По нашим источникам, апокалипсис
Сильно переоценен".

Так оно и есть, если разобраться:
На плантациях разума, земного и неземного,
Еженощно гибнет столько цивилизаций,
И никто не сказал ни слова,

Да и кто бы стал возражать, которая горстка
Барионов, коллективных в своем колхозе?
Без наблюдателя не работают паровозы,
Не зажигают звезды.

Сколько ночи? - ночь, и мы выпьем чаю,
Воскресенья не нужно и мертвые не нужны,
Мы не существуем, и, следственно, не скучаем,
У шелковой занавески нет второй стороны.

9 января 2023 г.

* * *

- Что тебе, бабушка, доброго или недоброго?
- Что ни положишь, милок, старенькой все хорошо,
Все забывается, дорого или не дорого,
Как ты поймешь, так и вырастешь страшный большой.

Словно в очереди образы стоят
И конверты парусами шелестят,
Аня пишет, что теперь следы весны
До последнего зимой заметены,

Что цветы в горшке не знают ничего
И нарочно отвернулись от двери,
Их сквозняк снаружи ждет, как часовой,
Как ужасная догадка изнутри,

Этот остров, он во времени плывет,
Чешуей он обрастает ледяной,
Он старается догнать водоворот,
Чтоб исчезнуть за прозрачною стеной,

Что тебе, бабушка, время кончается медленно,
Жемчуг звенит и секунда последняя тянется,
Это цветочки качают головками медными,
В комнате ищут тебя и глазами прощаются.

28 января 2023 г.

* * *

Мы туда поехали с братьями,
Сыновьями такой-то матери,
Все, что надо, взяли из снаряжения.
Старший позвякивал грубым словом,
Как монетой об зуб, глуховато и скрежетно,
Второй по счету читал "Десятку" Смирнова,
Третий в лучах моей злости нежился,
Стонал до изнеможения,
Он у нас слегка извращенец, остальные побольше,
Младший любит такие штуки, как Ленин в Польше,
Только никогда не хватает крема.
Больная тема.

Мы туда поехали с братьями:
Мы на самом дне человечества,
Нам терять нечего,
Как елка этого года, обвешанные проклятьями,
Арматурой, мясными клочьями,
Мы сделаем это дело, и война кончится.

И вот мы пришли в самое средоточье
Затупившейся или раскрошенной зубной боли,
Взошли и молчим, как березоньки в чистом поле,
Что-то не сходится, что-то не получается,
Дух сомнения ухватил нас за яйца,
Не поймешь, что такое - бункер или не бункер,
Или подземный зверь неведомый броненосный,
Все неоднозначно, каждая деталь под вопросом,
Погружается в грунт или просто сжал булки.

Страх находит в сердце темные закоулки,
Сворачивается в печени, как космический глист,
Ест, растет и не выходит на свист.

Жалость точила нас и сомнения нарастали,
Вот младший и не выдержал,
                крыша у него держалась непрочно,
Высветил расходящийся книзу росчерк,
Выстрелил в самый фокус народного ожидания.

И с тех пор мы тут есть или нет, были тут или не были,
Нас до самой подошвы растрескала злость или жалость,
Плечи сдавлены небом, да и полно ли, точно ли, небом ли,
И война - то ли кончилась, то ли не начиналась.

31 января 2023 г.

* * *

Мой сурок не здесь и не со мной,
Где-то в прошлом веке заблудился.
Там с шарманкой представляет в лицах
Молодых наук расцвет хмельной.

Там в садах чудных и рукотворных
Плод, теперь приевшийся, созрел,
Как наивны, живы разговоры,
Как дрожит на темени прицел,

Будущее если и промажет
Между ребер или между строк.
Это только хуже, верь мне, даже
Будешь дольше мучиться, сурок.

Как сады рубили, вырубали,
Плачь не плачь, а истина проста:
Все деревья делая гробами,
Начинают с чистого листа.

Только возвращаться он не хочет,
Под прицелом пляшет на виду,
Ствол длинней, а тень его короче
И надменны яблони в цвету.

18 февраля 2023 г.

* * *

Пластмасса крепится к граниту,
С боков прозрачное стекло
Мутнеет, как глаза убитых:
Химера дышит тяжело.

Со скрипом разрастались кости,
Разинут зев, как вход в подъезд,
И, бородавкой на наросте,
На купола насажен крест.

А рядом к стенам жмутся люди,
Ведь не заметит - не сожрет,
На тротуаре, как на блюде,
Глядят, зажмурившись, вперед

И видят: в решето пробоин
На Землю лезет пустота,
Оркестр тугих снастей расстроен,
Кренятся утлые борта.

Химера не имеет пары,
Что будешь делать, человек?
Плывет, дыша железным паром,
Трещит и крошится ковчег.

25 февраля 2023 г.

* * *

Не исцеляя от беспамятства,
Скорее, даже тень набрасывая
И ткани расправляя пальцами,
Название сползает с насыпи.

Бывало, с поезда урчащего,
Над дверью повозившись в тамбуре,
Мы спрыгивали, как-то там брели
Из будущего в настоящее,

И, оскользаясь, как по клавишам,
Из неоконченного сборника
На волю выпавши, товарищи
На шпалах строились аккордами,

Брели, захвачены мелодией,
На волю выпавши бессильными,
Где над железными угодьями
Названье зашуршало крыльями.

И сколько ни идти без роздыха
Дорогой волка, тропкой кроличьей,
Его несут потоки воздуха,
И от него уже не скроешься.

6 марта 2023 г.

* * *

Мы живем в городе, нарисованном нейросетью,
А она не читает, как мы, выражений лица,
На узорах асфальта, на серых ступенях рассвета
У нее этот день воробьем не нахохлится.

Путешествуя в так называемую реальность,
Мы не знаем удачи, сочимся сквозь щели в стене,
Занимая свое положение между теней,
По привычке считаем на ветке количество пальцев,

Тронешь мягкую мебель - свой палец утонет в сиденье,
Под клубком проводов греет ноги малиновый ящер,
Настоящее ходит по краешку света и тени,
Шевелит жалюзи и не кажется нам настоящим.

20 марта 2023 г.

* * *

— Скажи, папаша, — сын спросил, —
Папаша в толстой раме,
Надолго ль хватит наших сил
Гулять-петлять дворами?

— Окольны тропы наших сил,
Глухие и кривые:
Одних глодают караси,
Других переварили.

В одних дворах огонь без дна
И бездна без названья,
И нет ни двери, ни окна,
Ни стен, ни их развалин,

В других дворах железный лед,
Созвездий жгучий улей,
Голодный маленький народ,
Который обманули:

Раз не вернуться им домой,
В ничто блаженной пыли,
Заплатят за обман такой
Все те, что прежде были.

— Твой неответ на мой вопрос
Я взвешиваю в сердце,
Вдоль птолемеевых колес
Растаптывая берцы,

И страх на дне моей души
Легко бы мог родиться,
И расцвести, как ландыши
На почве из традиций.

- Страх не один, но свет один.
Мед звезд, эфиром пьяных,
Твой невопрос напрасен, сын
В мешке из целлофана:

Любовь сама, как смерть сама,
Глядит теперь суровей:
Все тише взор, все ближе тьма,
Все краше реки крови.

30 марта 2023 г.

* * *

Клавишник знал на ощупь четыре ноты,
Девки ходили с ним, хоть был собой неказист,
Группа называлась то ли Яйцо Енота,
То ли Яблоко Кобры (животное шло на свист),

Барабанщик - никто не видел его глаза,
Волосы закрывали ебало до подбородка,
У вокалистки ни слуха, ни голоса,
Но на платформах с разломом бедра походка,

На гобое играл какой-то неандерталец,
Отзывался на звон металла и кличку "Mental",
Каждый раз, когда репетиция начиналась,
Гитарист с басистом сражались на инструментах,

И енот, поднимаясь на задние лапы,
Теребил свое яблоко в освещении странном,
Члены группы ему наливали граппы,
Называли его Святым Иоанном,

Это имя значилось в ветеринарном паспорте.
Бас-гитара, попав по кумполу, вырубает на бис,
Вправо и влево конечностями разбрасываясь,
С барабанным грохотом падает гитарист,

И со всею силой своего голоса,
Так волнуя воздух, что дрожь его бьет струной,
Вокалистка, как пьяная небом горлица,
Как скрипичной отмычкой вскрывает замок стальной,

И наутро опять никто ничего не помнит,
У директора клуба слегка придушенный вид,
И храпит охранник, и едет скорая помощь,
И врачебную тайну, как кобра яйцо, хранит.

6 апреля 2023 г.

* * *

Ветер несет то песок, то запахи летнего луга,
Перебродившие в памяти, пузатой и деревянной,
В медной трубе кальяна дышат цветные угли,
Лунной тропой проходят призраки караванов.

Сумерки - время ежей, сухопутны они, деловиты,
Там, в потемневшей Москве,
              то бесснежной, то медленно тающей,
Вечно готовы скатиться на скользкие плиты,
Выставить иглы, с оглядкой ступают товарищи.

Дети готовятся петь, певчий еж необычная птица,
Рябь на воде и луна, как разбитое блюдце,
Зря ты решил развернуться, опасно раскрыться:
Камера пишет и образы распознаются.

Знаешь, небесный огонь размягчает асфальт,
Делает воздух раскрошенным, землю глубокой,
Видно, как лодки внизу пристают к островам
И на прозрачную твердь опираются боком.

13 апреля 2023 г.

* * *

Наташа считает любовников. Ей не спится.
Любовники лихо скачут через забор,
Как журавлик над Токио, как в Ватикане синица
Над пехотной когортой, но в счете случается сбой.

Склеиваются мужественные фигуры,
Черты усатых, несколько смазанных лиц,
Словно дрожит от страсти перо Амура.
Наташа никогда не считает самоубийц.

Есть вещи, о которых не спрашивают красавиц,
Хотя иной раз, нащупывая пустоту,
На золотое сечение опираясь глазами,
Краем зрачка натыкаешься на черту,

И становится ясно, что все это неспроста,
Что ни мозг не помнит, ни сердце, то помнит тело,
Без единой ошибки, не путая черное с белым,
На церковной ограде сестренки играют с листа

Нашу девочку-жизнь, нашу встречу с причалом асфальта,
И дощатых гармоний скрипит черепной звукоряд,
Не считайте с другими и имени не называйте,
Это лодки на суше, и бывшие доски скрипят.

20 апреля 2023 г.

* * *

Г. К.

Где-то сырая осень, и в легких сырость,
В странных годах, где мы с тобой не разлей вода,
В серое небо, как будто в пальто на вырост
Кутаясь, ищем два выхода в никуда.

Вдох, ядовитый дым, легкая тошнота,
Самое страшное - когда кончаются сигареты,
Ява в кармане дукатовская, не та,
Запахи в воздухе, яви не надо и нету.

Волны смертной тоски приносили пестрый улов:
Сверкающие ракушки, большие, как ухо бездны,
Мокрую музыку, груды нездешних слов
Лупоглазых, трепещущих, бесполезных.

А теперь, к этой яви пришпиленные булавкой
Страшной жизни, в фокусе энтомологических линз,
Жало брюшка и металл острия тугоплавкий
В микроскопической схватке скрестившись, сошлись.

Там, мимо фокуса, кто-то проходит знакомый
Где-то в волнах, уже еле видна голова,
И клочковатого, в дымных прорехах от грома,
Серого неба на саван хватает едва.

13 мая 2023 г.

* * *

В доме нет ни одного живого окна,
Ребра перекрытий расходятся в стороны,
Спортплощадка, как простыня, скомкана,
Крыша здесь провалена, там разорвана.

Пыль, следы асфальта, выворот арматуры,
Шелест крахмальных юбочек вокруг ног,
Кружатся в танце крохотные фигуры,
Школьницы вышли на свой последний звонок.

Здесь в свое время училась моя знакомая,
В прошлом году в ванной на мокром кафеле,
Локти в крови от зеркала от расколотого,
Плакала, рассматривая фотографии.

Плач на три группы ключей расколется,
Зеркало неба светлеет вокруг огней,
Кружатся в танце непобедимые школьницы,
Разве страшна пустота? - и танцуют с ней.

Что же нам делать? - стой, заклеивай локоть
Пластырем, тоскуй по лебединому озеру,
Если разыщем ключи - и не надо плакать,
Сделать бы дело - школа откроется осенью,

Есть уже переросшие пустоту:
Ночь, с нею месяц, ее выкидной клинок,
Страшные люди в окопе и на посту
Ждут, чтобы выйти на свой последний звонок.

24 мая 2023 г.

* * *

Кате Капович

Курочка выходит за поворот,
Прошлое по зернышку клюет-клюет,
Поперву вспомнишь, как проживал,
На другой раз вспомнишь, как вспоминал,
А на третий круг в голове обвал,
Сразу после финиша был финал.

Мы сидим, рисуем дорожный знак,
Мы с тобой нарраторы как-никак,
За свою работу добра не жди,
Только кровью сердца черти-черти.

Нам уже осталось немного встреч,
Дай-ка посидим перед тем, как лечь,
В колких буковках одного повтора
Не хватает до замешательства автора.

Из забытых нами можно составить
Древнюю династию лис Китая,
Грядки городов, лес цивилизаций
(Скоро тебе ехать, а мне оставаться),
Ласковых усердий огонь и лед,
Курочка по зернышку клюет-клюет.

3 июня 2023 г.

* * *

И вода тверда, и вино горчит,
И ногой не нащупать опоры,
Смотрит вниз ветла, на ветле грачи,
Как китайский конструктор, разборны.

Люди так шумят, как камыш кричит,
Если лезвие видит у горла,
Были омичи, были москвичи,
Карты родина передернула,

Как кричит камыш: дай работу мне,
Не сорняк и хочу быть при деле,
Хоть на дудку срежь, но играй на ней -
Дудок много и все надоели.

Там, где никогда летом нет дождя,
Небо молнии режут неровно,
Льет, как из ведра, вверх до дна дойдя,
Разрастается музыка грома,

И ведро вверх дном, и светло, как днем:
Каждый лезвие видит у горла,
И беда над каждым стоит с ножом,
Как китайский конструктор, разборна.

9 июня 2023 г.

* * *

Отмотавши свой срок в проявленном мире,
Стараясь не попадаться ангелам на глаза,
Мы встречаемся здесь, нам с тобой расставаться нельзя,
Хоть тебя на повторный, я слышала, приговорили.

Как не хочется снова, хотя - треугольная крышка
На трубе, чтобы дым - да какое нам дело, зачем,
Ты ведь будешь букашка, дворняжка,
                             девчонка, мальчишка,
Безымянная горстка смешных неуклюжих фонем.

Это здесь - щелкнул пальцем, и сразу появится палец,
Там иначе, ведь мы начинаем уже забывать,
Как проходит любовь по суставам, костей не касаясь,
Сокращается мускул, и движется время опять,

Исправительный труд - развернуть
                          жирный пласт онтологий,
Протащив свое время, как буйвол ведет борону,
Встать, пойти за нуждой и себя потерять по дороге:
То ли смерть повстречал, то ли просто в канаву свернул.

27 июня 2023 г.

* * *

Жена Лота кричит - посмотрите на этот Содом,
Как вы можете спать или думать о чем-то другом,
Кроме мерзости этой? Не делайте шаг впопыхах,
А взбрыкните ногой, словно вы отрясаете прах,
Повторяйте движение резко, с упором на таз,
С разворотом в паху, ведь все ангелы смотрят на вас!

Со скучающим видом ко всему привычная падчерица
Повторяет движение, если мачеха поворачивается.
Перепуганы, слуги выполняют команды дословно,
Спотыкаясь, лежать остаются в бурлящих канавах Содома,
Но никто не подаст им руки, только вяло толкают на дно:
Содомляне они, а в Содоме так заведено,

А попробуй подай, посмотри в его сторону даже,
Пожалеешь о том: ты забыл, что хозяйка на страже -
Как ты смел отвлекаться? ты должен смотреть на Содом,
Проклинать его мерзость и всех, кто останется в нем.

Что касается Лота - с тех пор, как привел ее в дом,
Он не спит и не ест, и едва лишь способен молиться:
Пусть хоть озеро лавы позволит в себе утопиться,
Он завидует всем, с кем сегодня погибнет Содом.

Время замедляется, проступает текстура,
Поднимает морду лиса - неужели ее сожгут?
К ней подходит еж, они вместе смотрят на труд
Ангелов, расставляющих аппаратуру.

У лисы на морде
Почти человечий рот.
"Антропоцентризм не в моде,
Но ведь мы подневольный народ, -

Думают ангелы. - Лиса такое животное,
Неповторим генетический код его,
Рядом с ней ежа инженерное чудо,
Сам клубок, и ножки торчат оттуда."

А Лот нашел другое дело,
Он полюбил зеленый цвет,
Он понял - станет пеплом белым
Лес, утопающий в листве,

И сердце кровеносной схемы,
Когда пронзила красота,
На придорожные фонемы
Сменял, как ягоду с куста.

2 июля 2023 г.

* * *

Мама превратилась в кукушку и улетела.
Чистит перья, ночует у часовщика,
На проводах никогда не сидит без дела,
Пестрая спинка, узорчатая щека.

Мама питается личинками насекомых,
Догоняет мух в полете и бьет крылом,
В комнатах настигает под потолком их
И вылетает в окно, покидая дом.

У нее появились подруги, про птиц говорят - товарки,
И в безлунную ночь, когда не видать ни зги,
Они любят встречаться над толстой березой в парке,
На воздушных потоках выписывая круги.

У нее ничего не болит, а если крадется кошка,
Она чует опасность: волна идет от хвоста,
Достигает мозга, живот холодит немножко
И навстречу воздух, и светится высота.

Просто у человека слишком большое тело,
Два удара сердца, и стены уже горят.
Мама превратилась в кукушку и улетела,
Папа видел сам, что ее не достал снаряд.

21 июля 2023 г.

Оглавление

Книга 1. Сумерки электромонтеров

"Я вышел в поле, и дух беспутный..." 4
"Мария, Мария, Мария..." 6
The Yage letters 7
"Нам по улицам неправильно ходить..." 9
Старобельск 11

Книга 2. Потайной топор Лакатоша

По дороге на ул. Максимова 13
Путь трамвая 14
В альбом к Наташе М. 15
Побег 16
Из тумана 17
Земля идет в рост 18
"День — понедельник. Город Угорье..." 19
Сумка 20
Заблудившийся голос 21
Кукушка 22
Товарищи 23
Мечта о Барнауле 24
Акустика разомкнутых пространств 25
Время туманов 26
Разговор с лопатой 27
Визит сантехника 28

Книга 3. Про девушек

Происшествие в подъезде	30
"Уходи, пока можешь, железо в твоей колыбели..."	31
"Семь тучных, семь худых коров..."	32
Схема зоопарка для Полины	33
"Я несу в рукаве, спотыкаясь в асфальтные ямы..."	34
"В черный полдень выйдут звезды..."	35
Сон про лошадку	36
Не бросай билет	37
Дело Риты	38
"Снова рушится наш уют..."	39
"У людей, Алиса, есть дом и служба..."	40
"От живой жены стыдно томиться в парадном..."	41
Про девушек	42
"В небесном Киеве расцветают снежные розы..."	44
"Мне снится твое тело, Felinia Terminalis..."	45

Книга 4. Еж не остановится

Хельга из кургана	47
"Над зеленой водой междуречья..."	49
"А это бывшие люди, — говорят, и темная скатерть..."	50
"Мокрые марши уходят в измятое небо..."	52
"Между труб растет трава..."	53
"Не завтра, братец, не поедем..."	54
К Центризбиркому	55
"Ежик идет, отдуваясь и фыркая..."	56
"Учитель сошел с ума и молится комсомолу..."	58
"Я в тапочках шел. Я искал тишины..."	59
"Пожалуйста, вернись, мы без тебя устали..."	60
"Мария, пишу к тебе, потому что ты не читала..."	61
"Зеркала, едва их коснется твое отражение..."	62

Книга 5. Птица Гугук

На 19 февраля 2008 64
Комплект 65
Конечная 66
Красный Дед Мороз 67
Обрыв кабеля 68
Опасная белка 69
Одиночество судебного пристава 71
Судьба человека 72
Катя 73
Жучок 74
Ошибка женщины 75
"Мы едем с тобой в трамвае, и остановка..." 76
Письмо домой 77
"Машенька, пишу по белому белым..." 78
"Я шел по улице, думал о невозможном..." 79

Книга 6. Спасение Аннабель Ли

"Бог технического прогресса старый, он старый бог..." 81
"В зарослях колючей проволоки леший чистит усы..." 82
"Ты скажешь — как будто надвинулась старость..." 83
Товарищ Лариса 84
"Мастеру темно, и не видно слов..." 85
Спасение Аннабель Ли 86
"— Представь, что мы на земле последние люди..." 87
Гостья 88
"Этот город, как разбитая лодка..." 90

Книга 7. Что будет с Агнетой

"Летит молва на крыле перебитом..." 92
"Нет ни дверей и ни окон в коротком том коридоре..." 94
Черная работа мозга 95

Маелори 96
"Мертвая голова совсем опустела..." 98
"Когда я спрошу мать Карфагена, куда положить весло..." 99
"Анна Дмитриевна мне приснилась..." 100
"Космонавты летали в космос, видели бога..." 101
"Агнета смотрится в воду и видит свое лицо..." 102
"Небо в черном пальто. А притоны дешевые тут..." 104
Правда о космонавте 105
"Большие деревья меня укроют..." 106

Книга 8. Каменные слезы Данилы

Свист 109
"Аллочка, шаг «от бедра», идет и к столу подходит..." 110
"Мы проходим, как сифилис; жги, лихорадка..." 111
Баллада из Байрона 112
Без ответа 113
Поздний ум Катерины 114
Прекрасное Далеко 116
Спасение любовью 117
"Трудно проснуться, школьный звонок звенит..." 119
"Ухаживая за книгами, как за могилами близких..." 120
First we take Manhattan 121
Каменные слезы Данилы 122

Книга 9. Работа для бабочки

Закрытая карта 124
"Среди гниющих плодов, как в парфюмерной лавке..." 125
"Тебе пишет Мария Оршич с острова Рюген..." 126
"Кто-то входит в черной накидке, давясь мацой..." 127
Немного о себе 128
Начало 129
"По дорожкам ранним утром..." 131
Неуютный дом 133
"Он в час или в два или, может быть, между..." 134

Книга 10. Цветок огня

Работа рыб	136
Мурка	137
Химические элементы Ялуторовска	138
"Учитель, мы долго идем по краю земного лба..."	139
Разговор с товарищем	140
Театр глазами бога из машины	141
"Бывает, плачется навзрыд..."	142
"Спит придорожная жена..."	143
Железная рыба	144
Марш провинившихся перед небом	145
"Разверни свое мягкое брюхо, колючий еж..."	146
Каменное сердце Г. Р. Державина	147
"В этом читальном зале шрамы на голом..."	148
"Буратино сидит неуверенно и сутуло..."	149
"Говоря о звездах, как о сферических бюрократах в вакууме..."	150
"На складе дурных голов, позабытых дома..."	151
"Черный дракон не долетит до Амура..."	152
Случай в гимназии	154
"Что ты мне поешь, Буратино, скворечная голова..."	155
"Я был дворовой гитарой, инструментом низшего класса..."	156

Книга 11. Выбор для Капитона

Кораблики	158
"Высоко в горах увидеть что-то живое..."	160
"Когда девчонки ловят в темном переулке..."	161
"Придержи лошадь, палач, — это говорит Джордж..."	162
"Ушли они в черный, как уголь, черный и темный лес..."	165
Змееныш	166
"Лист мрамора, под ним журчащая трава..."	167
"Дядя Боба заполняет квитанцию..."	168
"Конструктор разбирая плотский..."	170
В память о синем домике Ширпотребсоюза	171
Песня из романа	172
"Когда мы станем маленькими старушечками..."	174

"Тише дверного скрипа; даже глядя в глаза..." ... 176
"Выбирая забвенье, ни земли, ни воды..." ... 177
Выбор для Капитона ... 178

Книга 12. Звон фарфора

"Шаман вернулся в деревню Средний Амалат..." ... 187
"После жизни, долгой, как повесть Бианки..." ... 189
"Товарищ следователь закуривает, творя туман..." ... 191
"Девка, трогай тут..." ... 193
"— В другом районе, никому не известном районе..." ... 195
"В городе колодезных квадратов..." ... 197
"Как у нас в холодке астрала ..." ... 198
"Обронить мимоходом: слова, как известно, карманы..." ... 199
"Понимаешь, — он мне говорит, — что такое алтарь..." ... 200
"Через полкомнаты не протянуть шнура..." ... 202
"Полк идет, а трубачи при нем разбитые..." ... 203
"Андромаха не хочет знать никаких богов..." ... 204
"Пригубив рассвет разбавленный, вокзальный..." ... 205
"Выпьешь довольно, чтобы не помнить, кто жив, а кто умер..." ... 206
"Стрекоза говорит муравью: Эй, муравей..." ... 207
"В нашем Аду, в Аду горящих железных стен..." ... 209
"Младенца сопровождает удивление... " ... 211
Танго ... 212

Книга 13. Список необходимых вещей

Аннушка ... 214
"Ах, Цай-Хуа, Люхар — это бог монет..." ... 215
"Полулежа в кресле, бабушка рассказывает сказку..." ... 216
Уроки стихосложения ... 217
"Сегодня особый день..." ... 218
"По палубе неба соленого цвета..." ... 220
"Где твоя, животное, избушка ледяная?.." ... 221
Лодка ... 222
"Таточка ела кашку..." ... 223

"Какие-то планеты в ряд..." 224
"Помнишь, как оно начиналось — не завязка, не фабула..." 225
"Мне не нужна тарелка, похожая на шляпу..." 226
Сусанна и старцы 227
Превращение 228
"Отчего небезразличны ей мундиры..." 229
"Позабудут друзья или поверят наговорам..." 230
"Мы встретимся снова каким-нибудь солнечным днем..." 231
"В четверг стихия задела краем соседний город..." 232
"В камине трескаются камни..." 233
"Частушки духовные" 234
"Они встречались в непригодных..." 235
Развенчание специизма 237
Как тот, кто влюблен 239
"Куклу звали Алевтина" 240
"Если ты уже договорил про любовь..." 241
"Шел дождь. Громилы мыли морг..." 242
"На зеленую улицу, на парад твоих сочленений..." 243
Список необходимых вещей 244

Книга 14. Стихи в альбом лысой куклы Карины

"Улица Рябиновая, шоссе Можайское..." 246
"Боги вещей — им самим тяжело, некогда нам помочь..." 247
Проблемы передачи информации 248
"Рабочий трудится на фабрике..." 249
"Вижу тебя и слышу твой голос..." 250
Мисс Морган 252
Пропажа 254
"Он роет глубокую землю, и камень, и трубы..." 255
"Кто-то чужой во сне — то ли дверью ошибся, то ли..." 257
"Профессор лежит — ой, ребятушки..." 258
"Ее появлению предшествовала музыкальная тема..." 259
"Когда кот умер, он снова родился..." 260
"Перо павлина — павлина, мой друг!.." 261
"Сдобное тамбовское солнце..." 262
"Баночка, спой мне, как град разбивает стекло..." 263
"Пишут из гнусавого далека..." 264

Встреча 265
"Когда деревья растут корнями назад..." 266
"Дед Мороз, разочаровавшись в революционном движении..." ... 267
"Он хватал ее за руки, умирать оставалось недолго..." 268
"В центре иллюминация пишет золотом по воздушному серебру..." 269
"Мне снится один оловянный революционный матрос..." 271
"Мусоргский провел одну ночь на Лысой горе..." 272
"Анапеста стоны, ореховый клекот хорея..." 273
"Тогда мы жили в деревянном доме..." 274
"Ни в Красную Армию, ни в Староингерманландский полк..." 275
"Боги Сахары рассыпаются желтой пылью..." 276
"В лабиринтах возможного..." 277
"Нельзя говорить: «утомлен, устал»..." 278
"На завалинке холодно старую жизнь вспоминать..." 279
"Татьяна подходит к рыбе с одной и с другой стороны..." 280
"Сын пишет ему, и буквы складываются в кусты..." 281
"В полночь просыпаются разведчики Иного..." 282
"Карина была лысая кукла..." 283

Книга 15. Номера машины времени

"Дома, копаясь в хламе, Анатолий находит..." 285
"Случай их свел на деревянных мостках..." 286
Вопросы веры 287
"Гузель оглядывается и говорит огорченно" 288
"Два раза пришел его день рожденья..." 289
"Уж лежит на комоде, как вервие полосатое..." 291
"У соловья головка, как чернильница каллиграфа..." 292
Ясно и неясно 293
"Двое на переднем сиденьи рассматривают альбом..." 294
"Плывет корабль, шелестят его паруса..." 295
"Зверь разумный и бессмертный..." 296
"Магнитным компасом ведом..." 297
"Голос, как блюдце, надтреснутый..." 298
"Сидят за столом Федор с Иваном..." 299
"Когда прошлое станет извилистым настоящим..." 300
"Остановится поезд, такая уж, ведомо, станция..." 301
"Гумберт Гумберт идет по темному коридору..." 302

"Андрей закрывает электронную книгу..." 303
"Доктор Халед аль-Асаад..." 304
"Дядя Федор бомж, так что он вечно в дороге..." 306
"Как долго работал рабочий..." 307
"Марь Иванна идет по улице..." 308
"Дед-лифтер спорит с бабкой во флигеле..." 309
"Дуб смотрит во все стороны, думает обо всем..." 310
"Стоит печальный человек..." 311
"В социальных сетях его преследуют обрюзгшие лица..." 312
"Аннабель Ли, ты уехала с первым поездом..." 313
"Молодость, чай со стеклянным крошевом..." 314
"Мне страшны красные, красные розы..." 315
"Она поет, и клавиши под пальцами..." 316
"Набоков ненавистен нам..." 317
"— Нельзя два раза в одну реку..." 318
"На четвертой минуте, как пилит винил мое сердце..." 319
"Церемонно с продуктами двигалась лента..." 320
"Люди ходят, звенят, как стаканчики..." 321
"Кухня — конечно, чужая..." 322
"Знаешь, как поезд уходит..." 323
"Достанешь ли чернила — будут белы..." 325
"Мой возлюбленный из Нижнего Свинорья..." 326
"Бабушка живет в Ясенево..." 327
Хроники забытого города 328

Книга без номера

"Февраль, но зима, бля..." 331
"А сейчас для тех, кто еще не спит..." 333
"Ну, конечно, у нас международные отношения так себе..." 334
"Новая эпоха для нас с тобой..." 335
"На страницах газет всходит небыль..." 336
"Рабинович каждое утро покупает газету..." 337
"Качество у звука безобразное..." 338
"Посмотри, что это здесь такое..." 339
"Знаешь, как ненависть..." 340
"Когда мы освободили Украину от нацистов..." 341
"Люди, как сиды, ушли под землю..." 342

"— Мушкетеры, мама! Четверо мушкетеров..." 343
"— А потом позвонили газели..." 344
"Апрель зимний месяц, и все-таки снег растает..." 345
"Горбаг пишет матери, он пишет вороньим пером..." 346
"Антон пьет чай и ест варенье из молекул..." 347
"Здесь бегал кто-нибудь счастливый..." 348
"Ежи отдельно, туман отдельно..." 349
"В доме повешенного не говорят о веревке..." 350
"Раньше Люся не рисовала горящих домов..." 351
"In the gardens of coma..." 352
"Радио Мыльница, мама прощай-прости..." 353
"Пустые, как глаза, квартиры..." 355
"Давай-ка поиграем в игру от слов до слов..." 356

Книга 16. Родные места

"Скатертью дорожка и воздух лесенкой..." 358
"Мы стояли насквозь промокшие в толпе, промокшей насквозь..." 359
"Дома с азиатскими плоскими крышами..." 360
"In the classroom I am doing lines ..." 361
"Архитектура снежинок: вложенные узоры..." 362
"Не распечатаны конверты..." 363
"В Тель-Авиве дома белее, чем молоко..." 364
"Приоткрываем окна — то серп, то молот..." 365
"Катя проедет по этим местам, а где не проедет, пройдет..." 366
"На сожженной дороге, мой друг, как в пустой глазнице..." 367
"На двадцати шести углах Вселенной..." 368
Lullaby for you 369
"Мой знакомый художник, известный график..." 370
Родные места 371

Книга 17. Яблоко кобры

"Дед Мороз распечатывает письмо..." 373
"Там, где воры без карманов ходят с ножнами..." 374
"В памяти звуки видны и слышны..." 375

"— Что тебе, бабушка, доброго или недоброго?.." 376
"Мы туда поехали с братьями..." 377
"Мой сурок не здесь и не со мной..." 379
"Пластмасса крепится к граниту..." 380
"Не исцеляя от беспамятства..." 381
"Мы живем в городе, нарисованном нейросетью..." 382
"Скажи, папаша, — сын спросил..." 383
"Клавишник знал на ощупь четыре ноты..." 385
"Время несет то песок, то запахи летнего луга..." 386
"Наташа считает любовников. Ей не спится..." 387
"Где-то сырая осень, и в легких сырость..." 388
"В доме нет ни одного живого окна..." 389
"Курочка выходит за поворот..." 390
"И вода тверда, и вино горчит..." 391
"Отмотавши свой срок в проявленном мире..." 392
"Жена Лота кричит — посмотрите на этот Содом..." 393
"Мама превратилась в кукушку и улетела..." 395

www.ingramcontent.com/pod-product-compliance
Lightning Source LLC
Chambersburg PA
CBHW050325010526
44119CB00003B/108